청소년을 위한

독도야
말해줘!

청소년을 위한

독도야
말해줘!

안재영 지음

책과나무

차례

'독도는 우리 땅'이라는 노래를 통해 많은 학생들이 독도에 대해 관심을 가지게 되었고 독도에 대해 어느 정도 알게 된 것은 매우 고마운 일입니다.

지난 50년간 일본은 "다케시마(일본에서 독도를 부르는 이름)는 일본 땅"이라는 주장을 정치적 목적으로 정부차원에서만 해왔을 뿐 학생들 대상의 교육은 시켜 오지 않았습니다.

하지만 일본정부가 2011년부터 초등학생을 시작으로 2012년에는 중학생 그리고 2013년부터는 고등학생에게까지 체계적으로 '독도는 우리 땅'이라는 왜곡된 역사를 직접 가르치기 시작했습니다.

우리 대한민국 어린이들도 이제 '독도는 우리 땅'이라는 노래 가사를 외우는 것만으로는 독도가 대한민국의 고유 영토임을 설명하기에 많이 부족한 상황이 되었습니다.

이제 독도가 역사적으로 지리적으로 그리고 자연 환경적으로 왜 대한민국 영토인지를 잘 알고 있어야 하며 일본 친구들이나 다른 나라 친구들에게도 무슨 근거와 자료에 의해 '독도가 대한민국의 고유 영토'임을 설명할 수 있어야 합니다.

저는 1987년 '독도탐사대'란 대학동아리로 시작된 독도와의 인연과 지난 2008년 국내 최초로 순수 민간에 의해 파주 예술마을 헤이리에 '영토문화관 독도'를 개관한 이후, 탐방객과 학생들을 대상으로 독도강연을 하고 독도에 대해 궁금해하는 질문들을 정리해 가면서 독도에 대해 더 많은 학생들과 이야기할 수 있는 기회가 있으면 좋겠다고 생각해 왔습니다. 그동안 생각해 왔던 것들을 책으로 엮게 되어 기쁘고 기대가 됩니다.

이번 책을 통해 여러분들이 독도에 대한 지식을 보충하고 독도지킴
이로서 독도 홍보 전문가가 된다면 일본으로서도 '독도가 일본 땅'이
라는 억지를 부리지 못하게 하는 큰 역할을 하게 될 것입니다.

신라시대 이사부장군을 시작으로 조선시대 안용복, 홍순칠, 광복
이후의 독도의용수비대 그리고 현재의 독도경비대로 이어지는 독도
지킴이의 연결고리가 이 책을 읽는 여러분들로 이어지기를 간절히 바
랍니다.

안재영

학생 한 명에게 물어봅니다. "친구는 독도를 알아요?"

그러면 그 친구가 대답합니다. "네, 알아요. 들어 봤어요."

"독도에 대해 뭘 알고 있는지 한 번 말해 볼래요?"라고 다시 물으면, 그 학생은 잠시 망설이는 듯하다가 이렇게 대답을 해요.

"일본 사람들이 자기 땅이라고 우기는 섬이에요."

"그럼, 독도 하면 친구 머릿속에 떠오르는 말은 뭐예요?" 다시 물어 봅니다.

"우리나라 땅이요!" 아주 씩씩한 대답이 돌아와요.

"친구는 독도가 어디 있는지 알아요?" 이렇게 질문하면 그 학생은 우물쭈물하기 시작해요. "어, 어, 저기 남쪽 어디에 있는 섬 아니었나요?"

또 다른 어떤 친구는 독도가 동해 바다 울릉도 옆에 있는 섬이라는 것도 알고 척척 대답을 하기도 해요. 하지만, "일본은 왜 그 섬을 자기네 땅이라고 우길까요? 우리는 독도가 우리나라 땅이라고 어떻게 다른 나라 친구들한테 설명할 수 있을까요?"까지 물어보면, 대부분 주저주저하며 대답을 거의 못하지요. 같은 질문을 어른들에게 던져 보아도 정확히 알고 대답할 수 있는 사람들은 별로 없고요.

하지만 어른들과 달리 우리 친구들이 가지고 있는 힘이 있어요. 바로 무궁무진한 호기심이지요. 여러분이 가지고 있는 힘을 어디 한번 독도를 아는 데에 써 볼까요?

'아는 것이 힘이다'라는 말을 들어 보았죠? 독도에 대해 궁금해하고 독도에 대해 바로 아는 것이 바로 독도를 지킬 수 있는 힘이라는 것을 기억하길 바라요. 그리고 우리 친구들이 이런 힘을 이 책을 통해 길러 보기 바라요.

그렇다면 우린 독도에 대해 어떤 점을 알고 있어야 할까요?

새로운 친구를 만났을때 그 친구에 대해 무엇부터 알고 싶나요?

일단 그 친구가 안녕, 내 이름은 모모야, 난 어느 학교에 다니고 어디에 살아. 가족은 엄마, 아빠, 누나 그리고 나까지 넷이야, 등등 이런 식으로 간략하게 자기소개를 하겠지요?

마찬가지로 독도에 대해 자기소개를 해 볼까 해요. 이름이 왜 독도로 불리게 되었는지, 어디에 있는지, 어떤 모습인지, 그리고 어떻게 구성되어 있는지를 하나하나 살펴볼 거예요.

친구에 대해 개략적으로 알게 되고 나면 그다음에는 친구에 대해 좀 더 깊이 알고 싶어지죠?

독도에 대해서도 좀 더 자세히 알아보도록 해요. 독도의 가치와 일본이 탐내는 이유, 그리고 역사책에서는 독도를 어떻게 묘사했는지, 더불어 독도를 지키려는 노력이 옛날부터 지금까지 어떻게 이어져 왔는지, 더 나아가 현재 독도를 둘러싼 국제 정세와 이에 대한 대처에 대해 알아볼 거예요. 이렇게 알아 가다 보면 왜 독도에 대한 지식이 독도를 지키는 힘인지도 깨달을 수 있을 거예요.

뭔가를 알아 가는 과정에는 시간과 관심이 필요해요. 그것이 친구일 때도 마찬가지죠. 여러분이 우리나라의 영토인 독도를 잘 알기 위해서 거쳐야 하는 과정도 똑같아요. 아는 만큼 보이고 보이는 만큼 사랑은 커지는 법이니, 우리가 우리의 땅 독도를 지키기 위해서는 먼저 알아 가는 과정을 겪어야 할 거예요.

자, 그럼, 독도에 대해 알아 가는 과정을 함께 시작해 볼까요?

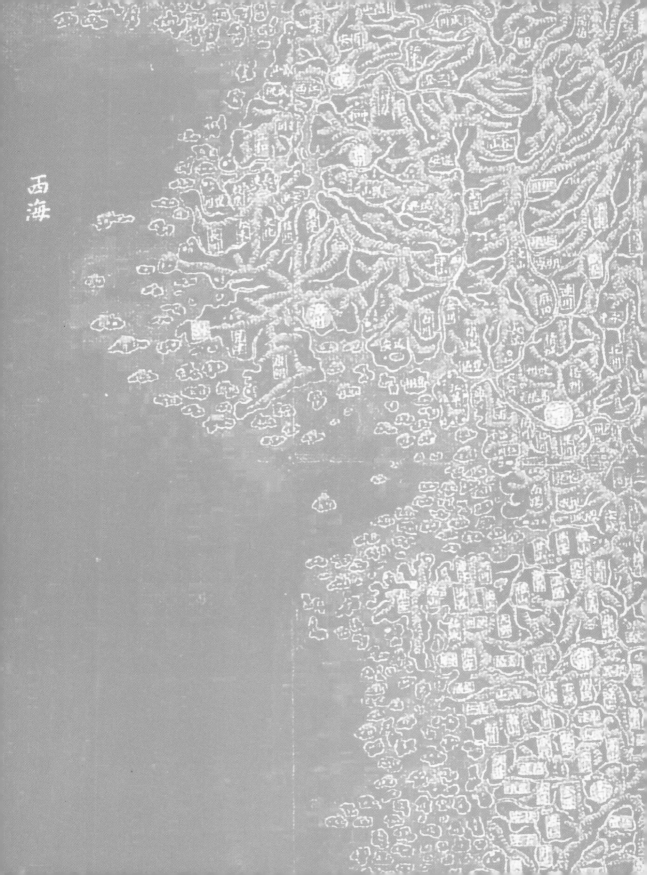

西海

東海

01

독도는 왜 소중할까요?

— 독도의 가치

1. 독도의 지리적 위치

"울릉도 동남쪽 뱃길 따라 200리 외로운 섬 하나 새들의 고향~"로 시작하는 노래를 들어 본 적 있나요? "독도는 우리 땅"이라는 노래에요. 노래에서 말하는 200리는 87킬로미터를 말해요.

더 정확하게 위치를 보자면, 위 노래의 2절 가사를 보면 돼요. "경상북도 울릉읍 독도리 / 동경 백삼십이 북위 삼십칠 / 평균기운 십이도 강수량은 천팔백 / 독도는 우리 땅~"이에요. 정확하게는 동경 132도 52분, 북위 37도 14분에 위치하고 있어요. 지도로 보면 내륙의 경상북도 죽변 해안에서 울릉도까지 130킬로미터 정도를 배를 타고 간후, 다시 여기서 배를 타고 독도까지 87킬로미터를 가야 하는 거리예요. 일본의 오키섬이 지도에도 나와 있는데, 독도에서 울릉도의 거리

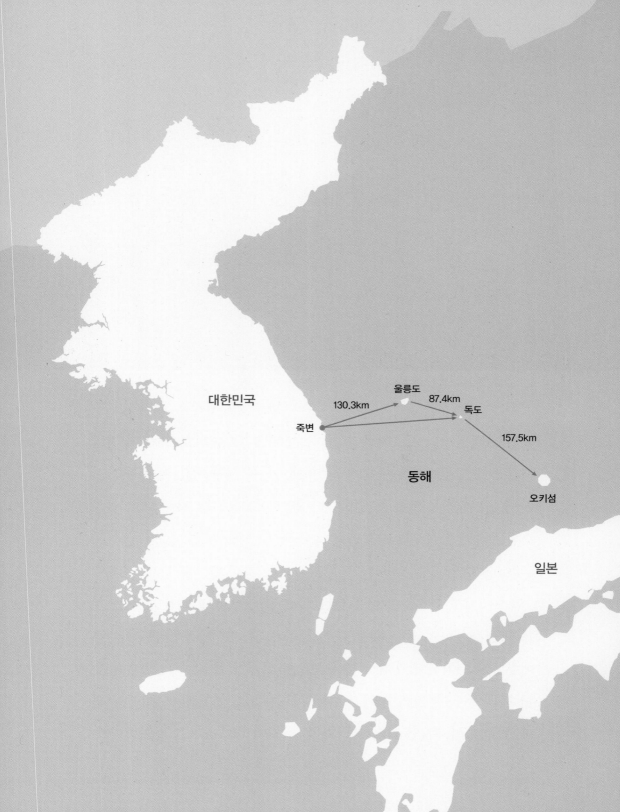

대한민국

울릉도

130.3km

87.4km

죽변

독도

157.5km

동해

오키섬

일본

울릉도에서 본 독도의 모습(왼쪽)과 독도에서 본 울릉도 모습(오른쪽)

는 87.4킬로미터고 오키섬의 거리는 157.5킬로미터로 훨씬 더 멀어서 거리상으로는 비교가 되지 않는다는 걸 볼 수 있어요. 날씨가 맑으면 울릉도에서는 독도를 망원경이 없어도 맨눈으로 보이지만, 일본 오키 섬에서는 아무리 날씨가 좋아도 독도는 보이지 않아요.

독도에서도 울릉도가 아주 잘 보여요. 육안으로도 볼 수 있다는 것은 망원경이나 나침반 혹은 다른 장비가 없었던 시절부터 우리나라 어부들이 고기를 잡으러 배를 몰고 독도까지 쉽게 갈 수 있었다는 뜻이에요. 즉, 울릉도의 생활권 안에 독도가 있었고, 울릉도에 딸린 형제 섬으로 역사적인 연결 고리가 쭉 이어져 내려왔다는 뜻이랍니다.

사실 눈으로 분명히 보인다는 이 사실 하나만으로도 독도가 울릉도에 딸린 섬이라는 점이 아주 분명해진다고 할 수 있어요.

이처럼 독도가 지리적으로 대한민국에 훨씬 더 가까운 섬이자 대한민국 사람들의 생활의 터전이었다는 것을 지도에서도 확인할 수 있어요. 그리고, 대한민국의 버젓한 행정구역으로서 정식으로 부여된 주소가 있답니다. 경상북도 울릉군 울릉읍 독도리 1-96번지(우편번호 799-805)예요. 도로명 주소로는 울릉군 울릉읍 독도 이사부길(동도)와 울릉읍 독도 안용복길(서도) - 우편번호는 40240이에요.

흔히들 독도는 하나의 섬이라고 생각하는데, 독도는 큰 두 개의 섬과 거기에 딸린 89개의 작은 바위들을 합쳐서 '독도'라는 하나의 이름으로 불린답니다. 큰 두 개의 섬은 그 방위에 따라 동쪽에 있는 섬을 '동도' 그리고 서쪽에 있는 섬을 '서도'라고 불러요. 독도 전체 면적은 187,453제곱미터인데, 잠실 야구장 13개하고 반이 들어가는 정도의 넓이라고 생각하면 돼요. 서도가 88,740제곱미터로 잠실 야구장 7개 정도가 들어가는 넓이로 동도의 73,297제곱미터보다 야구장 하나 정도 더 크다고 보면 돼요. 두 섬 중 가장 높은 곳은 서도가 168.5미터, 동도가 98.6미터이고, 동도와 서도는 약 151미터정도 떨어져 있어요.

동도의 모습(위)과 주민숙소가 보이는 서도의 모습.(아래)

2. 독도의 이름

    독도가 늘 독도라고 불렸던 건 아니에요. 대한민국의 이름도 시대에 따라 다른 이름으로 불렸다는 건 아시죠? 고조선을 거쳐 고구려-신라-백제의 삼국 시대, 고려, 조선 그리고 대한제국까지 시대별로 나라의 이름도 달랐듯이 다른 시대에는 독도를 다른 이름으로 불렀겠지요? 우리나라에서는 독도를 지금까지 다섯 개의 다른 이름으로 불렀어요. 이 중 우산도라는 이름이 512년경부터 쓰이기 시작해서 1904년까지도 계속 쓰였으니, 아마 가장 오래 쓰인 이름일 거예요.

    우산도(于山島)라는 이름이 기록된 가장 대표적인 옛 문헌은 〈세종실록지리지〉예요. 이 문헌에서는 동해상의 두 섬을 각각 우산과 무릉, 혹은 우산과 울릉이라고 언급하는 것을 찾아볼 수 있어요. 우산(于山)의 우(于)는 '크다', '광활하다'의 뜻이니 결국 우산은 '동해바

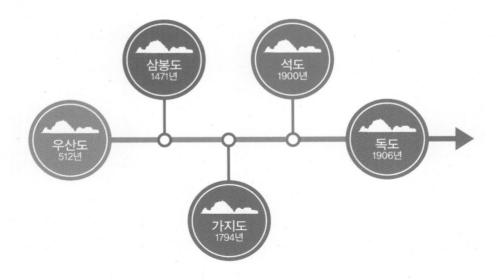

다에 있는 큰 산'이라는 의미로 쓴 이름이라는 것을 알 수 있어요. 우산이라는 이름 외에도 천산(千山), 간산(干山), 자산(子山)이라고 표기한 것들도 보이지만, 이건 한자 모양이 비슷해서 우산(于山)을 잘못 표기한 이름들로 보여요. 우리만 글자를 읽다가 실수하는 게 아니라, 옛 사람들도 한자를 잘못 읽고 잘못 말했다는 점이 재미있죠?

즉, 독도는 512년 신라에 복속된 이후, 1906년 독도로 불리기 전까지 1300년이 넘는 시간 동안 '우산도'라고 꾸준히 불려 왔답니다. 그외 이름들은 시대별 별칭일 뿐이고요. 1396년 동안 '우산도'라는 같은 이름으로 계속 불려 왔다는 사실 하나만으로도 독도가 언제나 우리나라 땅이었다는 것을 익히 알 수 있지 않나요? 일본은 독도의 여러 가지 이름 중 아주 잠시 동안 쓰였던 독도의 이름 중 하나인 석도를 언급하면서 석도가 독도가 아니니 독도가 한국 땅이 아니라는 엉뚱한

삼봉도라 불리던 이름처럼 세 개의 봉우리가 또렷한 독도의 일출

소리를 하고 있어요. 석도라 불린 다른 섬이 있다는 기록 하나를 끼워 넣어서 그 기록 하나가 이 오랜 역사 기록을 다 무시하고 남는 것처럼 그것만 강조하죠. 이건 국가 이름조차 역사를 거치며 변하는데 섬 이름 하나조차도 역사가 변하면 변할 수 있다는 것을 깡그리 무시한 주장이에요.

독도는 '삼봉도(三峯島)'라고 불리기도 해요. 이는 울릉도에서 독도를 바라보면 마치 세 개의 봉우리가 솟은 것처럼 보이기 때문에 이렇게 불리게 되었지요. 동도의 정상, 서도의 정상 그리고 탕건봉이라는 세 개의 봉우리가 어우러져 멀리서 보면 그렇게 보이니까, 여러분들

도 울릉도에 가서 독도를 바라보게 되면 한번 이 봉우리 세 개를 확인 해보세요.

'가지도(可知島)'라는 이름은 1794년 기록에서 찾아볼 수 있는데, 이 '가지'라는 단어는 18세기 독도에 많이 서식했던 포유해양동물의 이름에서 딴 것이에요. '가지'는 '강치' 혹은 '가제'라고도 하는데, 물개과에 속하는 바다사자와 비슷한 동물이에요.

독도는 '강치의 천국'이라 불리던 곳으로, 많을 때는 이 강치가 약 4만 마리까지 서식했었다고 해요. 그러나 일제시대에 극에 달했던 무분별한 포획이 원인이 되어 그 수가 급격히 줄어든 후, 1970년대에 마지막 강치가 목격된 이후 더 이상 독도에서는 찾아볼 수 없게 되었어요. 멀리 떨어진 외로운 섬 만큼이나 서글픈 독도 강치의 역사를 이 이름에서 찾아볼 수 있답니다.

한편 '석도(石島)'라는 이름은 원래 독도를 부르던 이름, 독섬에서 그 의미를 따서 한자인 돌석(石)자를 넣어 기록한 데에서 유래해요. 이 명칭은 1900년 10월 25일에 반포된 대한제국 칙령 41호에서 찾아볼 수 있어요. 이 칙령에서는 고종황제는 울릉도를 울릉군으로 승격시키고 군수를 파견해서 그 관할 구역을 울릉도 전체와 죽도 및 석도로 정하고 있어요. 여기서 죽도는 울릉도 북서쪽에 있는 죽서도를 가리키고, 석도는 바로 독도랍니다.

독도가 독섬이라 불린 이유는 지방 사투리로 돌섬을 '독섬'이라고 하기 때문이에요. 독도이건 돌섬이건 석도이건 결국 같은 섬을 가리키는 말이라는 거죠. 원래 경상도 및 전라도의 남해안 지역에서는 돌섬을 독섬이라고 흔히 불렀어요. 독도에 고기를 잡으러 오는 전라도와 경상도 사람들이 늘면서 독섬이라고도 불렸던 것뿐이에요. 그러니까, 독도라는 이름은 '독섬'이라는 사투리를 발음이 비슷한 한자어로 옮기면서 독도가 된 거지, 외로운 섬이라는 의미에서 독도가 된 건 아니에요.

'독도(獨島)'라는 이름은 1906년 정부 문서에서 공식적으로 처음 사용되었어요. 1906년 울릉군수 심흥택이 보고서에서 독도라는 명칭을 쓰고 있거든요. 그러나 이미 그 이전부터 울릉도 주민들은 독도라는 이름을 사용했다는 기록도 있으니, 울릉군수 심흥택이 갑자기 독도라는 이름을 지어서 사용한 것도 아니라는 걸 알 수 있어요.

3. 일본인들이 독도를 부르는 이름

    일본 서쪽 지역 주민들은 막부시대에 울릉도를 '다케시마(죽도竹島: 대나무섬)'라 부르고, 독도를 '마츠시마(송도松島: 소나무섬)'라 불렀어요. 일본에서는 울릉도를 보통 다케시마라는 이름으로 표기하고 있고, 독도에 대해서는 별다른 언급이 없이 '울릉도와 나머지 한 섬'이라고 기록하곤 했어요.

    1905년 우리의 독도를 일본 시마네 현의 영토로 불법으로 편입하면서 비로소 독도에 원래 울릉도를 부르던 이름이었던 '다케시마'라는 이름을 붙였어요. 이건 일본의 고문헌에 자주 언급되었던 다케시마가 울릉도가 아니라 독도였다고 주장하려는 꼼수라고 볼 수 있어요. 이름도 없고 몰랐던 섬을 그 옆의 섬의 이름으로 바꿔 부르면서 원래 일본인들이 알고 왕래했던 섬이라고 우기기 위함이죠. 참고로, 일

본인들이 '죽도(대나무섬)'라 부르는 독도에는, 대나무는 한그루도 없답니다.

'리앙쿠르섬'이라는 명칭은 1849년 동해를 지나가던 프랑스 선박이 독도를 발견하고는 배의 이름 리앙쿠르를 따서 '리앙쿠르 섬(Liancourt Rock)'이라고 명명을 하면서 생겼어요. 이후 서구 세계에는 독도가 이 이름으로 표기가 되었어요. 이 명칭은 그저 서구가 처음으로 조선의 땅인 독도를 인지하게 된 사건에 지나지 않아요. 일본에서도 19세기말 20세기 초에 독도의 명칭에 대해 혼란이 심해지자 이 프랑스 식 명칭을 따서 '앙코도'라고 부르기도 했답니다.

4. 독도의 자연 경관과 시설

독도는 크게 두 개의 섬인 동도와 서도로 구성되지만, 그 주변에는 다양한 모양의 바위들이 많이 자리잡고 있어요. 독도를 오가던 사람들이 당연히 그 바위들에 이름을 붙이고 이야기를 만들었겠지요. 주로 모양을 보고 바위에 이름들을 붙였는데, 그 이름들을 듣고 바위들을 보면 옛 사람들의 상상력에 감탄을 하게 돼요. 또한 바위에 얽혀 있는 사연은 그만큼 많이 독도에 사람들이 옛날부터 드나들면서 바위들을 보며 사람들 사는 이야기를 털어놓았다는 뜻이겠지요.

서도

❶ 촛대바위(장군바위)

동도 선착장에 내려서면 가장 먼저 눈에 띄는 바위로 독도 경관을

왼쪽부터 촛대 바위, 삼형제굴 바위, 탕건봉

대표하는 바위예요. 찍는 방향에 따라 촛대로도 보이고 투구를 쓴 장군의 모습으로도 보이는 매력을 가진 바위예요.

❷ 삼형제굴바위

삼 형제가 한 줄로 걸어가는 모습이라고 해서 삼형제굴 바위라 이름이 붙여진 바위예요. 큰 형이 앞서가고 두 동생이 그 뒤를 따라가는 듯한 우애 좋은 형제들 모습이네요. 아래에는 해식 동굴이 있고 세 방향으로 다 연결되어 있답니다.

❸ 탕건봉

탕건은 옛날에 남자들이 머리에 쓰던 모자의 일종이에요. 서도 북쪽 끝에 솟은 바위는 탕건을 쓴 남자의 머리 모양을 닮아 탕건 바위라고 해요. 울릉도에서 독도를 볼 때에 세 개의 봉우리가 보여서 독도를 삼봉도라고도 하는데, 그 세 개의 봉우리 중 하나가 바로 이 탕건봉이랍니다.

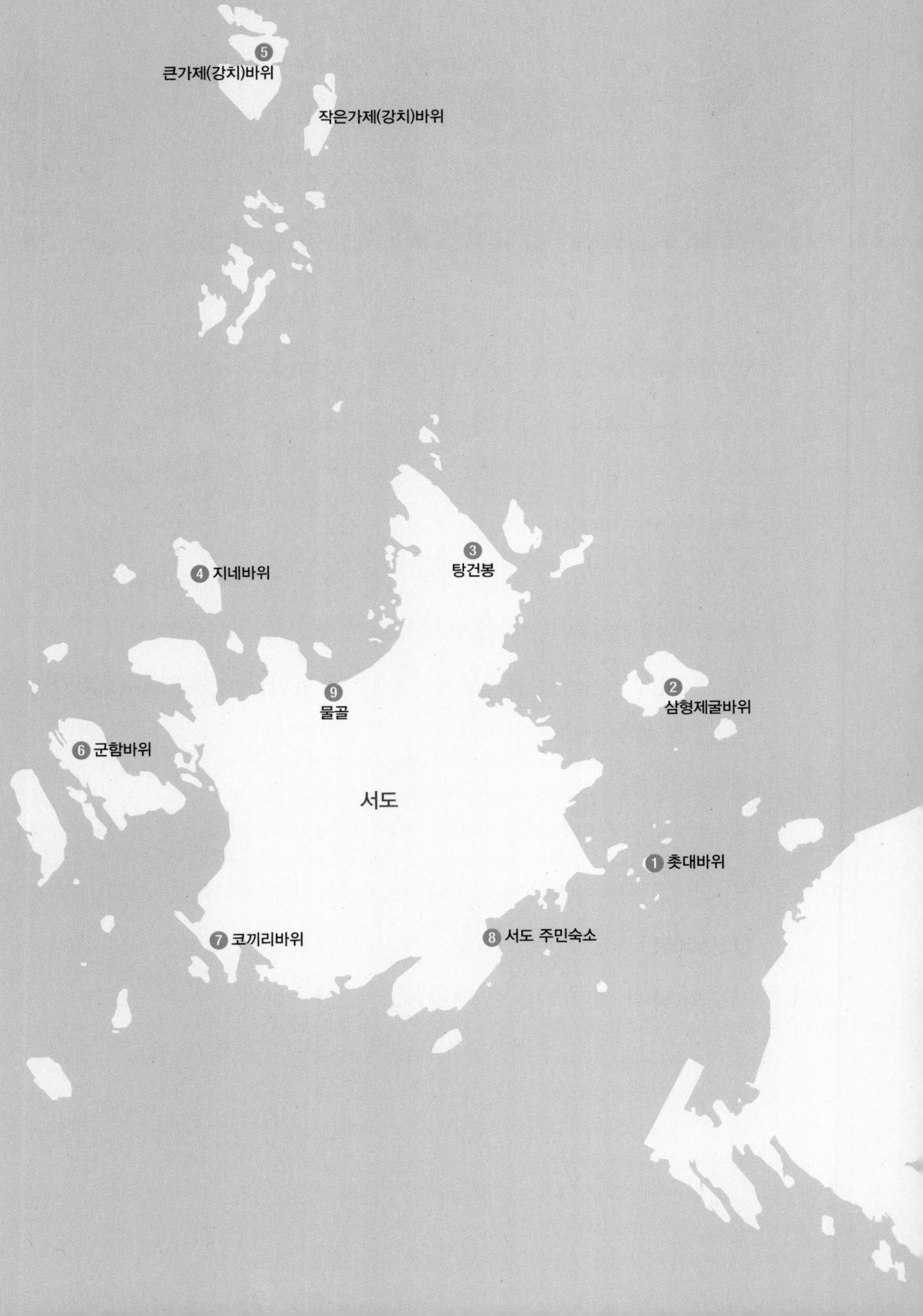

큰가제(강치)바위 ❺

작은가제(강치)바위

❸ 탕건봉

❹ 지네바위

❷ 삼형제굴바위

❾
물골

❻ 군함바위

서도

❶ 촛대바위

❼ 코끼리바위

❽ 서도 주민숙소

왼쪽으로부터 지네바위, 큰 가제 바위와 작은 가제 바위, 군함바위

❹ 지네바위

서도 북서쪽에 위치한 바위로, '이진해'라는 어민이 이곳에서 미역을 채취하였다고 해요. '진해'바위가 '지네'바위로 바뀐 이름이지, 절지동물인 지네를 닮아서 지네바위로 불리는 것은 아니랍니다.

❺ 큰 가제(강치)바위와 작은 가제(강치)바위

서도 가장 북쪽에 위치한 바위 중 가장 큰 바위는 큰 가제바위, 그다음으로 큰 바위는 작은 가제바위라고 불러요. 가제는 바다사자의 일종인 강치를 부르던 명칭 중 하나로, 이 바위에서 강치들이 많이 살았기 때문에 가제바위라는 이름이 붙었다고 해요.

❻ 군함바위

서도의 남서 방향에 있는 바위로 마치 군함이 떠 있는 모습과 같다고 해서 군함바위라고 해요.

코끼리바위, 서도 주민 숙소, 물골

❼ 코끼리바위

코끼리가 물을 마시는 모습과 비슷하다 해서 코끼리바위라고 불려요. 동도의 독립문바위와 비슷해서 헷갈리니까 어떤 점이 다른지 주의해서 보세요.

❽ 서도 주민숙소

서도의 어민 숙소는 최초의 독도 주민이었던 최종덕 할아버지가 지으셨어요. 그 집자리에 1997년 새로운 어민숙소를 지었고, 지금은 김성도·김신열 부부와 울릉군청 공무원 두 명이 거주하고 있어요.

❾ 물골

배타적 경제수역으로 인정받기 위해서는 사람이 살 수 있는 섬(유인도)이어야 해요. 그리고 유인도인지 결정짓는 데에는 사람이 마실 수 있는 식수가 있는지가 가장 중요하고요. 이 물골에서는 하루 200명이 마실 수 있는 양인 1,000리터 ~ 2,000리터의 물이 나오고 있기 때

동도 선착장과 부채바위

문에, 독도는 유인도가 되기에 부족함이 없어요. 하지만 독도 경비대원과 등대관리원은 퍼서 나르는 게 만만치 않아서 이 물을 마시지 않고, 대신 바닷물을 담수로 만들어 식수로 사용하고 있답니다.

동도

❶ 선착장

울릉도에서 배를 타고 가면 독도의 동도 선착장으로 들어오게 돼요. 동도의 선착장은 500톤급의 여객선도 접안(항구에 배를 대는 행위)을 할 수 있어요.

❷ 부채바위

선착장에서 출발해서 배를 타고 오른쪽으로 동도를 돌면 제일 먼저 눈에 들어오는 바위로, 남쪽에서 바라보면 그 모습이 마치 부채를 펼친 것 같다고 해서 부채바위라고 불러요.

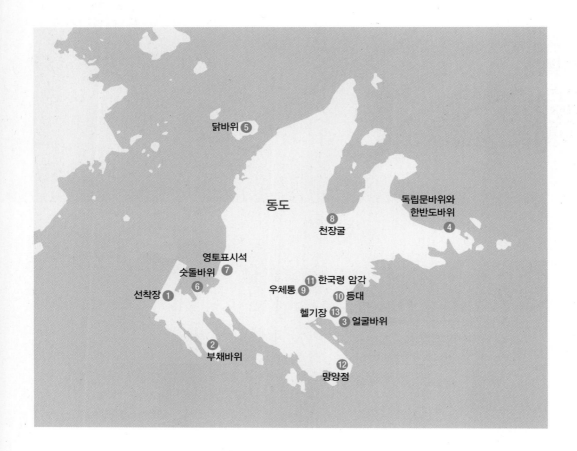

❸ 얼굴바위

얼굴바위는 상투 튼 사람의 옆모습과 비슷하게 생겼다고 해서 붙여진 이름이예요.

❹ 독립문바위와 한반도바위

독립문 형상으로 생겼다 해서 붙여진 독립문바위가 있고요. 그 옆으로 이어진 사면(비탈)의 바위를 북쪽에서 보았을 때 식물들이 자란 모양이 마치 한반도의 지도를 연상시킨다 해서 한반도 바위라 불러요.

얼굴바위, 독립문바위와 한반도바위(위), 닭바위, 숫돌바위(아래)

동도 선착장에 부근에 있는 바위예요. 숫돌은 칼을 갈 때 쓰는 돌인
데 암석의 성질이 숫돌과 유사하다 해서 붙여진 이름이에요. 실제로
독도의용수비대원들이 칼을 갈았던 곳으로도 알려져 있어요.

❼ 영토표시석

동도에는 독도, 즉 경상북도 울릉군 독도리가 대한민국 가장 동쪽에
위치한 땅이라는 것을 표시하는 영토표시석이 서 있어요. 최초의 영
토표시석은 1953년 한국산악회에서 지질조사 후 설치하였으나 태풍

영토표시석과 천장굴

과 파도로 없어졌고요. 2015년 8월에 광복 70주년을 기념해서 한국 산악회에서 다시 세웠어요. 현재 동도 선착장 옆에 설치되어 있는 '대한민국 동쪽 땅끝으로 영토, 독도' 표시석은 2008년 해양수산부가 설치한 거랍니다.

❽ 천장굴

동도 정상 바로 옆에 위치하고 있으며 침식으로 인한 함몰로 형성된 굴인 천장굴은 동도 정상에서부터 바다까지 약 90m의 깊이로 뻗어 있어요.

❾ 독도 우체통

독도 경비대 막사 옆에 독도 유일의 우체통이 자리하고 있어요. 우편 번호는 799-805(도로명 우편번호: 40240)이랍니다. 독도 우체통에 편지를 부치면 받는 사람은 독도 우체국 소인이 찍힌 편지를 받겠지요?

우체통과 독도등대

❿ 독도 등대

독도 등대는 1954년 8월 10일에 처음 불을 밝힌 등대로 동도 정상에 자리잡고 있어요. 약 45킬로미터 거리까지 등대 불빛이 보여서 근처를 항해하는 배들에게 길잡이 노릇을 하고 있답니다.

러·일전쟁 당시인 1905년 일제가 울릉도와 독도에 무단 침입하여 목조 망루를 세우고 불을 밝혀 전쟁에 이용하였다는 기록이 있으나, 이 등대는 대한민국 정부 출범 이후 오징어 배의 출어가 늘면서 그 배들의 항로를 안내하기 위해 1950년대에 설치했답니다.

⓫ 한국령 암각

독도의용수비대가 1954년 6월 독도경비대 앞에 새긴 암각이에요. 이외에도 세 곳의 암각 글자가 있으나, 모두 한자로 되어 있어서 한글로 암각을 새로 새기자는 주장들이 나오고 있어요.

한국령 암각, 망양정, 헬기장, 온실가스 원격관측장비

⑫ 망양정

동도 선착장에서 10분 정도 가파른 길을 따라 올라가면 갈림길이 나오는데, 그중 하나가 망양정으로 가는 길이에요. 여기에는 태극기, 경상북도기, 그리고 울릉군기가 게양되어 있어요. 날씨가 맑은 날에는 망양정에 서서 북서쪽을 보면 울릉도가 보여요.

⑬ 헬기장

헬리콥터 이착륙장으로 보통 '동도 헬기장'이라 불러요. 국제민간항공기구가 부여한 지명 약어는 'RKDD'로, R은 동아시아 지역, K는 한국, D는 경상북도, D는 독도를 의미해요.

⑭ 온실가스 원격관측장비

울릉도와 연계된 기후관측시설 중 일부로, 독도는 무인원격관측 장비가 설치되어 있어요. 세계기상기구(WMO)의 권고에 따라, 기후변화 원인물질의 분포와 장거리이동을 감시하기 위하여 고산지대, 외딴

섬에 청정지역에 감시소를 보통 설치하는데, 울릉도와 독도가 우리나라의 대표적인 청정지역으로 기후변화관측에 최적의 장소이기 때문에 여기 설치되었어요. 이 울릉도-독도에서 관측되는 모든 자료는 세계자료센터(World Data Centers)로 자동으로 보내어지기 때문에, 독도발 관측 자료는 자연스럽게 독도가 대한민국의 영토임을 나타내는 증거가 되고 있답니다.

독도 지킴이 – 삽살개 '독도'와 '지킴이'

천연기념물 368호인 삽살개는 일제 시대에 멸종 위기에 처했던 한국을 대표하는 토종개로 독도를 지키는 상징적인 역할을 하기 때문에 1998년부터 독도에서 한 쌍을 키우고 있어요. 1대 삽살개 부부인 '동돌이'와 '서순이', 2대인 '곰이'와 '몽이'에 이어 현재는 3대인 '독도'와 '지킴이'가 독도에 살고 있어요.

5. 독도의 가치

지질학에서 말하는 독도의 가치

　우리는 물 밖으로 고개를 내민 땅을 보고 섬이라고 불러요. 그런데 한 번 물 아래 바닷속 풍경을 상상해 본 적이 있나요? 바닷속 해저에 넓은 바닥이 있고 움푹 파인 계곡과 산이 있는 풍경은 떠오르는지요? 바닷속을 기준으로 본다면 우리가 섬이라고 부르는 지형들은 바닷속에서는 산일 거예요. 그러니까 해저에 있는 산들이 바로 우리가 보는 섬인 거죠. 물 밖으로 나온 부분이 크면 넓은 섬이 되는 거고, 물 밖으로 조금 밖에 안 나와 있으면 작은 섬이 되는 거고요. 지구의 지각은 계속 활동을 하며 변하기 때문에 시간이 흐르면서 어떤 산은 더 솟아오르기도 하고, 어떤 산은 물밑으로 가라앉기도 해요.

　독도도 한번 바닷속까지 보면 어떨지 살펴볼까요?

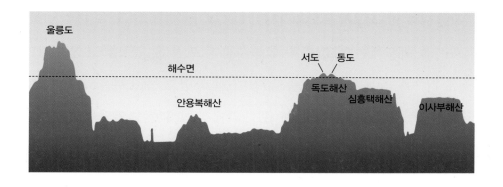

울릉도 　해수면 　서도 　동도 　안용복해산 　독도해산 　심흥택해산 　이사부해산

    해저에서 솟아오른 산들이 여러 개 보이지요? 이 중에 물 밖으로 드러난 땅들을 한번 보세요. 점선 위로 올라온 부분이 땅이에요. 왼쪽에 점선 위로 한참 많이 올라온 땅이 울릉도인 게 보일 거고요. 그리고 봉우리 끝부분 두 개가 불쑥 솟은 곳이 바로 독도의 동도와 서도인 것도 보일 거예요. 물 밖으로 드러난 부분에 비하여 물속에 잠긴 부분이 어마어마하게 크다는 것이 참 놀랍지요? 독도의 경우, 물속에 잠긴 부분이 약 2,000미터이고, 지상으로 솟은 봉우리 두 개, 동도와 서도가 각각 98.6미터, 167.5미터이니까요. 물속에 숨은 부분에 비하면 물 위로 나온 부분이 매우 작다는 것을 알 수 있어요. 독도는 원래 지각 활동으로 용암이 솟구치면서 생겨난 화산성 해산(海山)이에요. 동도와 서도는 원래 하나의 섬이었으나, 오랜 세월 바닷물에 의한 침식 작용과 바람에 의한 풍화작용을 거치면서 천천히 깎이며 두 개의 섬으로 나누어져 지금의 모습이 되었어요.

자연 생태 자원으로서 독도의 가치

화산섬 독도에는 770여 종의 동식물이 서식 및 분포하고 있어요. 조류 197종, 식물 49종, 곤충 93종이 살고 있고, 해조류 160종과 해양무척추동물 368종은 독도 주변 해역에서 찾아볼 수 있답니다.

동물 중에는 조류가 압도적으로 많은데, 이는 독도가 많은 철새들에게 이동 중 중간에 쉬어 가는 중간 휴식처이기 때문이고, 또 천적이 거의 없어서 번식지로도 좋은 장소이기 때문이에요. 조류가 독도에 가장 많지만, 그 중에서도 가장 많은 수를 자랑하는 건 괭이 갈매기로, 약 10,000마리가 서식하고 있어요.

독도에서는 5월 말을 전후해 약 20,000~50,000마리의 괭이갈매기들이 알을 낳기 위해 모여들면서, 엄청난 장관을 이뤄요. 섬이 하얗게 덮일 정도로요. 괭이갈매기는 비단 독도에만 사는 새가 아니라 우

독도는 작은 섬인데, 거기 사는 동물과 식물이 얼마나 되겠어?

들으면 놀랄걸! 770여종의 동식물이 살아!

독도의 상징물이 된 괭이갈매기

리나라 해안가 어디에서도 찾아볼 수 있는 새이지만, 유독 독도에서 알을 낳고 번식을 하는 이유는 이 섬에 알을 먹는 뱀이나 갈매기를 잡아먹는 다른 포식동물이 없어서 새끼를 낳아 기르기에 적합하기 때문이에요. 괭이 갈매기는 동북 아시아 전반에 걸쳐 골고루 퍼져 사는 동북아시아 특산종으로 한국, 일본, 중국 및 연해주에서 찾아볼 수 있는 새랍니다.

괭이갈매기는 부부가 되면 한 쌍이 오래오래 함께 새끼를 낳아 기르는 특징이 있고, 비행할 때에는 날개를 퍼덕여 날지 않고 한번에 높이 올라가 바람과 기류를 타고 활공을 하는 특징이 있어서 그 나는 모습도 멋지답니다. 그리고 그렇게 바람과 기류를 타고 날면 단 한번의 비행에 꽤 먼 거리를 힘들이지 않고 날 수 있기도 해요.

새매, 흑비둘기(위)와 소쩍새, 황로(아래)

독도에는 괭이갈매기 이외에도 천연기념물 323호인 '매'와 215호 '흑비둘기'를 비롯해서 벌매, 솔개, 뿔쇠오리, 올빼미, 물수리, 고니, 흑두루미, 황로, 바다제비, 붉은머리 황새, 검은댕기 해오라기, 중대 백로 등 130여 종의 조류가 살고 있어요. 2015년 6월에는 취재하러 간 기자들이 멸종위기에 처한 동물이라 정말 촬영이 어렵고 더군다나 독도에 있을 거라 상상도 하지 못했던 천연기념물 324호인 소쩍새를 촬영하기도 했답니다.

독도에 사는 식물들은 독도가 바람이 세고 경사가 급해서 흙이 충분히 쌓이지 못하는 환경이기 때문에 그걸 이겨 내며 자생하는 생명력이 강한 식물들이에요. 섬기린초, 왕호장, 쇠비름, 술패랭이꽃, 도

섬갯장대, 술패랭이꽃(위)와 땅채송화, 번행초(아래)

깨비쇠고비, 참억새, 번행초, 섬갯장대, 땅채송화 등 총 49종의 식물들이 자라고 있는데, 최근에는 울릉도에서는 발견되지 않는 번행초가 새로 발견되기도 했어요.

원래 독도에는 나무가 자생하고 있지 않았지만, 독도를 무인도로 내버려 두지 않고, 유인도로 만들기 위한 움직임이 시작된 1973년부터 1994년까지 '푸른 울릉·독도 가꾸기 모임' 등 각종 독도사랑 단체에서 10여 차례에 걸쳐 나무를 심었기 때문에 현재는 나무가 자라고 있어요. 동도와 서도에 걸쳐 보리장, 섬괴불, 향나무, 사철나무, 후박나무 등 울릉도 향토수 1만 천여 그루를 심었고, 그 결과 현재 500여 그루는 서도 물골 상단부에 뿌리를 내리고 잘 자라고 있어요. 독도에서 자라는 나무 중 섬괴불 나무 200여 그루는 지구상에서 울릉도에서만 찾아볼 수 있는 나무였으나 독도에 심은 이후 3미터가 넘게 잘 자라고 있고요. 이는 독도가 섬으로 다양한 기능을 해내고 있음을 보여 주는 증거이기도 해요.

또한 독도는 섬 전체가 천연 기념물 336호로 지정된 바 있어요. 1982년 11월에 문화재청이 천연기념물로 지정했으나, 1999년 천연보호구역으로 변경되었고, 2009년 9월에는 환경부 고시로 특정도서로 지정되어서 독도의 자연환경은 대한민국 정부가 수호하는 동시에 보호하고 있답니다.

독도 주변 바다는 북쪽에서 내려오는 찬물(한류)과 남쪽에서 올라오는 따뜻한 물(난류)이 만나는 조경 수역이라 플랑크톤이 풍부해요. 이 말은 독도 인근 바다에 플랑크톤을 먹이로 삼는 물고기들도 많다는 뜻이지요. 독도의 바닷속에는 오징어, 꽁치, 방어, 흑돔, 넙치, 개볼락, 청황배도라치, 복어, 전어, 붕장어, 돌돔, 도루묵, 임연수어, 조피볼락 등 어류와 전복, 소라, 홍합 등의 패류, 미역, 다시마, 김, 우뭇가사리, 톳 등의 해조류 및 해삼, 새우, 집게 및 홍게 등 수산자원이 풍부한 황금어장이에요.

독도 인근 해역에서 찾아볼 수 있는 유일한 포유 동물로는 낫돌고래가 있어요. 강치라 불렸던 바다사자는 1965년에 멸종된 것으로 보고되었지만, 2015년 한 쌍의 물개가 인근 해역에서 관찰되어 대대적으로 보도되기도 했어요.

독도를 포함한 동해 바다는 오징어잡이로도 유명해요. 독도 등대의 환한 불빛은 밤에 오징어잡이 배들이 조업할 때에 길잡이 역할을 해 준답니다.

섬기린초 이야기

돌나물과에 속하는 다년생의 식물로 울릉도와 독도에서만 자라요. 돌나물과 식물들이 그렇듯 섬기린초도 바위에 딱 붙어 옆으로 퍼져 자라는 특징이 있어요. 독도 대표식물로 여겨져서 대대적으로 화분에 담겨 전국에 분양되기도 했어요. 하지만, 이 섬기린초의 학명을 보면 또 독도의 슬픈 역사가 보여요. 섬기린초의 학명은 바로 'Sedum takesimense Nakai'이에요. 다케시멘스, 즉 다케시마에서 파생된 단어가 붙어 있지요. Nakai라는 일본학자 이름도 붙어 있고요. 이건 1910년에서 1919년까지 한국의 산과 들을 돌아다니며 식물을 탐구한 일본 학자 나카이가 국제 학계에 다케시마에서 파생된 단어와 자기 이름을 붙여 등록을 했기 때문이에요. 우리나라가 식민지였던 시절에는 단순히 주권만 빼앗겼던 게 아니라, 우리 나라 영토에서 자라는 식물의 이름조차도 빼앗겼다는 걸 생각해서 우리는 섬기린초가 자라는 독도를 우리 영토로 굳게 지켜야겠어요.

해저 자원으로서의 독도의 가치

메탄 하이드레이트(methane hydrate), 일명 '불타는 얼음'은 셰일 가스와 더불어서 석유와 천연가스를 대체할 미래의 에너지 자원으로 꼽히고 있어요. 메탄 하이드레이트는 영구동토나 심해저의 저온과 고압 상태에서 천연가스가 물과 결합해 생기는 고체 에너지로, 얼마 전에 미국에서 그 추출 기술이 개발되면서 그 자원으로서의 가치는 더욱 더 높아졌어요. 매장 지역이 석유처럼 특정 지역에 한정되어 있지 않고 석탄, 석유, 천연가스 등 기타 모든 탄소 자원을 합한 양의 2배, 즉 약 10조 톤이 지구 전역에 묻혀 있기 때문에, 이는 향후 200~500년간 인류가 사용할 수 있는 에너지 양이에요.

메탄 하이드레이트의 연소장면

우리나라 동해에도 이 메탄 하이드레이트가 상당량 매장되어있는데, 특히 독도 인근에는, 정확히 말하면 울릉 분지에는 약 6억 톤이 매장되어 있으며 그 경제적 가치는 150조 원으로 이는 우리 국민들이 향후 30년에 걸쳐 사용할 수 있는 양이라니 놀랍지요? 일본이 독도를 탐내는 이유 중 하나가 바로 독도 인근에 묻힌 메탄 하이드레이트 때문이에요.

메탄 하이드레이트는 고체를 기체화해서 배관을 통해 뽑아내는 데 성공하면 상업화가 가능할 것으로 보이나, 2013년 일본이 자국 영해의 메탄 하이드레이트 추출에 실패한 이래 일본보다 매장 위치가 100미터 정도 더 아래인 한국에서의 추출은 기술 개발이 더 필요하고 예산이 더 소요될 것으로 예상되면서 당초 2015년 상업화하려 했던 목표를 그 이후로 더 미루고 있는 상태랍니다.

해양심층수는 태양광이 도달하지 못하는 수심 200미터 이상에 흐르는 바닷물로, 북대서양 그린랜드 혹은 남극해에서 발원하여 수면 위로 노출되지 않고 대서양, 인도양, 태평양을 순환하는 물을 말해요.

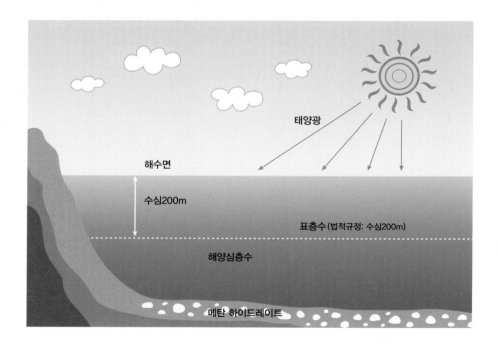

바닷속 물은 대류를 타고 이동을 하기 때문에 그린랜드와 남극해에서 발원한 물이 해저 깊은 곳으로 흘러올 수 있답니다.

햇빛에 노출되지 않은 물이라서 광합성이 일어나지 않고 따라서 플랑크톤이 적고 세균도 거의 없는, 지구상에서 가장 깨끗한 식수로 각광을 받고 있는 물이기도 해요. 미네랄이 풍부하고 채취 과정에서 오염될 염려도 없고 매장량도 무한정인 매력적인 자원으로, 미래에는 수도관만 여기에 연결하면 깨끗한 물을 무한정 마실 수 있게 될 수도 있어요. 현재로는 음료 및 각종 건강기능 식품에 사용되고 있답니다.

독도 주변의 바다가
황금어장인 이유가 있나요?

독도가 위치한 동해는 조경수역(한류와 난류가 교차하는 지역)으로 물고기의 먹이인 플랑크톤이 풍부하기 때문이에요. 독도의 바닷속은 해조류가 무성해서 각종 어류들의 산란장으로 최적의 장소랍니다.

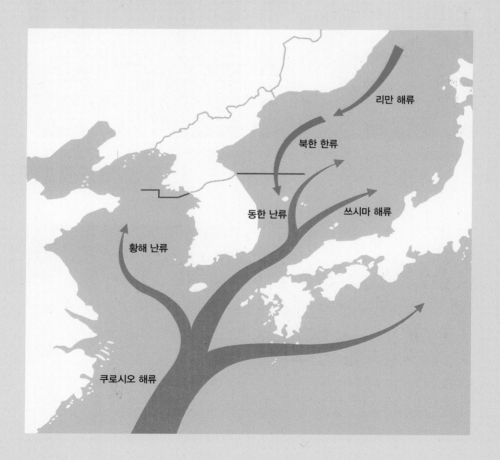

독도의 해양생물에는 무엇이 있을까?

곤봉바다딸기 | 남해 연안에 분포하며 암반에 부착되어 군락을 형성하는 산호류에요. 군체의 전체 길이는 10cm 전후로 자란답니다.

부채뿔산호 | 최대 군체 높이가 30cm 전후로 자라는 산호류에요. 암반의 아랫면에 부착해서 군체가 거꾸로 성장하는 경우가 많아요.

보석말미잘 | 단독으로 분포하는 경우는 거의 없으며 대부분 수십 개체가 모여 있어요. 녹색, 황록색, 연두색, 오렌지색, 붉은색 등 다양한 색채로 변이를 보이며 형광빛을 발해 무척 아름답다고 해요.

아팰불가사리 | 팔을 포함한 몸통길이가 12cm 전후로 중형 불가사리류에요. 먹이를 잡아먹을 때는 몸통이 위로 솟구쳐 보여요.

흑돔 | 놀래기 과의 물고기로 몸길이 60cm 정도에 길쭉한 타원형이고 주둥이가 뾰족해요. 수컷의 이마에 혹이 달려 있어서 혹돔이라고도 불러요.

넙치 | 흔히 광어라고 부르며 횟집의 단골 메뉴로 많이 올라와요. 넙적해서 넙치라 부르며 도다리와 비슷한데, 넙치는 눈이 왼쪽으로 쏠려있고, 도다리는 오른쪽으로 쏠려 있는 차이가 있어요.

개볼락 | 돌우럭, 꺽저구라고도 불리는 암초가 발달된 대륙붕에 주로 서식하며, 갑각류 등을 먹고 사는 육식 어류예요. 머리에 돌기와 가시 등이 나 있어서 개볼락이라고 불러요.

집게 | 다른 갑각류와 달리 외골격이 단단하게 굳지 않아서 고동 혹은 소라와 같은 복족류의 껍질에 들어가 자기 집처럼 짊어지고 사는 동물이에요. 몸이 크면 더 큰 껍질을 찾아 이사를 간답니다.

가막베도라치 | 연안에서 볼 수 있는 암초성 어류로 조류의 흐름이 좋은 암초 지대에 살아요. 먹이로는 작은 갑각류나 작은 조개류예요. 몸 색깔은 암수가 다르고 다 자란 크기는 6cm 정도예요.

돌돔 | 우리나라 전 해역에 서식하는 물고기로 연안의 바위지역에 서식하고 조개류와 성게 등의 외피가 딱딱한 무척추 동물을 먹는다고 해서 돌돔이라는 이름이 붙여졌어요.

독도의 강치가 사라진 이유는?

독도를 가득 채웠던 강치가 사라진 이유도 독도의 슬픈 역사를 잘 보여 주고 있어요. 한때 4만여 마리에 달했던 강치가 멸종하게 된 데에는 일본이 무분별하게 강치를 잡은 이유가 가장 커요. 독도에 가득한 강치에 욕심이 난 일본 어부가 일본 정부에 독도를 일본 땅으로 바꾸어 달라고 요구하면서 이 비극이 시작되었죠.

독도가 조선 땅이었기 때문에 일본인은 독도 근방에서 고기를 잡을 수 없었어요. 독도 근처 바다까지 오려면 도해증(바다를 건너는 것을 허락하는 증서)을 일본 정부로부터 받아야 했죠. 나카이 요시부로라는 일본인 어부는 강치의 가죽과 기름이 비싸게 팔리자, 독도에 가서 강치를 잡고 싶어서 안달이었어요. 당초 계획은 일본 정부에서 도해면허를 받은 후 조선정부에 요청해서 독도 어업 독점권을 받으려고 했는데, 이를 알게 된, 일본 해군성 야마자 국장이 러·일전쟁 준비를 위해 아예 일본 정부에 어업독점권을 신청하도록 유도했고 독도를 일본 땅으로 편입시켜 달라는 요청서를 일본 외무성에 내게 되었어요.

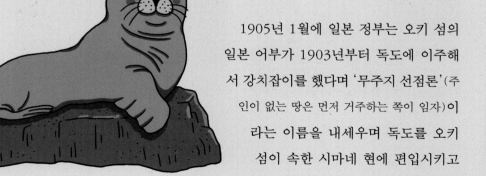

1905년 1월에 일본 정부는 오키 섬의 일본 어부가 1903년부터 독도에 이주해서 강치잡이를 했다며 '무주지 선점론'(주인이 없는 땅은 먼저 거주하는 쪽이 임자)이라는 이름을 내세우며 독도를 오키 섬이 속한 시마네 현에 편입시키고

'다케시마'라는 새 이름으로 부르겠다는 결정을 해요. 작은 시마네 현의 고지로만 이 결정을 알리고요. 국제법 상 주변 국가에 공식적으로 제대로 알리지 않고 주변 국가의 항의가 없으니 일본 땅이라고 주장하는 억지를 이때부터 부리기 시작한 거죠. 당시 국력이 극도로 약해졌던 대한제국은 일본의 작은 행정 구역인 시마네 현의 고시 따위의 존재를 알 수도 없었던 건 당연하고요. 이 고시 이후 나카이를 비롯한 일본인들이 독도로 몰려가서 1905년부터 8년 동안 독도 강치를 매년 수천 마리씩 남획하면서 독도 강치는 씨가 마르게 되었어요.

요즈음에는 이 강치를 두고 웃을 수도 없는 일이 벌어지고 있어요. 일본인들이 다케시마(독도)가 일본 땅이라고 주장하면서 그 홍보 자료에 이 독도 강치를 귀여운 캐릭터로 만들어서 사용하고 있으니까요. 귀여운 독도 강치는 일본인들의 친구라고 말하는 동화책까지 나왔어요. 일본인들은 강치를 메치라고 부르는데, 스기하라 유미코라는 일본 동화작가가 〈메치가 있던 섬〉이라는 제목으로 동화를 써서 일본 어린이들이 읽고 있어요.
그러나 일본인들이 얼마나 잔인하게 강치를 잡아 죽였는지를 생각해 보면, 정말 웃을 수도 없는 기가 막힌 일본의 두 얼굴이라고밖에는 할 말이 없어요. 강치를 얼마나 잔인하게 잡아 죽였는지, 같은 일본인이 이즈미 마사히코라는 일본인 작가는 〈독도 비사〉라는 책에서 이렇게 적어 두었어요.
"죽은 바다사자(강치)의 썩은 냄새가 울릉도까지 흘러왔고… 이는 어로의 영역을 넘은 광기의 살육이 아닐 수 없다."

독도의 강치를 잔인하게 죽인 일본인들이 귀여운 강치는 일본인들의 친구라며 독도가 일본 땅이라고 주장하는 지금의 현실을 생각하면 어떻게 저럴 수 있을까 한탄을 하게 만들어요.

★참고: 강치이야기(https://www.youtube.com/watch?v=ep6fK-yQ0OI)

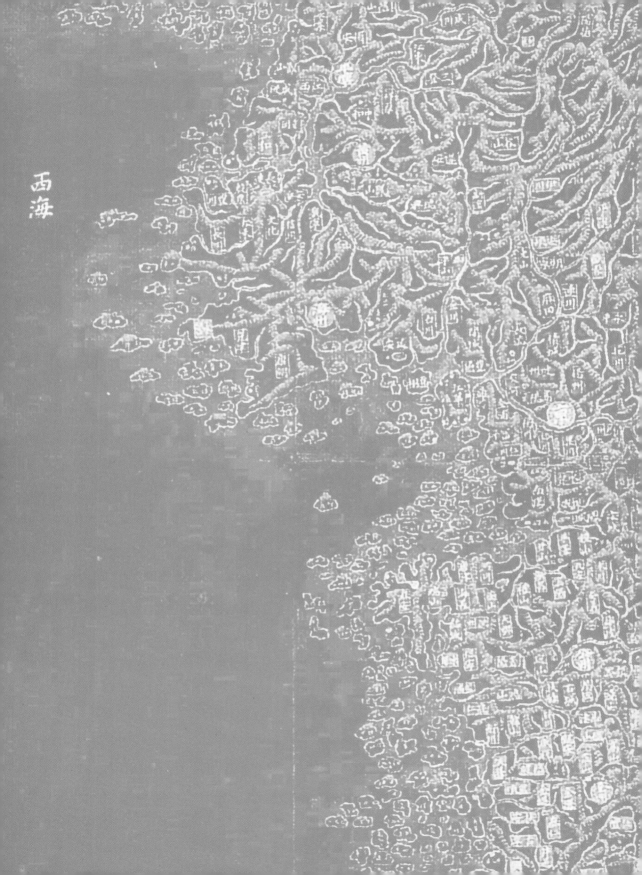

京畿道三十六官
清道五十四官
慶尚道七十一官
江海道二十三官
安道四十二官
原道二十六官
道二十四官
道五十六官

東海

02

역사책은 독도에 대해서
뭐라고 하죠?

— 독도 수호의 역사적 의의

1. 우리 나라 자료들

독도를 기록한 가장 오래된 역사책 삼국사기

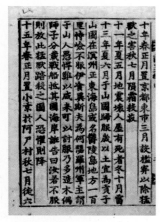

삼국사기 원본

독도 영유에 대한 사실을 증명해 주는 가장 오래된 자료는 김부식이 고려 시대에 지은 삼국사기(1145년)가 지금까지 남아 있는 가장 오래된 역사책이에요. 그 이전에도 역사책은 많았지만, 남아 있는 것은 많지 않아요. 그 이유는 일본이 일제 시대에 우리나라 역사책을 많이 없애 버렸기 때문이에요. 이 책은 고구려-신라-백제, 삼국의 역사를 적고 있는데, 신라 지증왕 13년(512년) 6월에 우산국이 신라에 항복하고 해마다 토산물을 신라 왕에게 바쳤다는 기록을 찾아볼 수 있어요. 삼국사기에 한문으로 적힌 기록을 옮겨 보자면 다음과 같아요.

우산국(于山國)은 명주(지금의 강원도 강릉)의 정동쪽 바다에 있는 섬으로 울릉도라고도 하는데 사방 백리의 땅이다. 우산국 사람들이 지세가 험한 것을 믿고 복종하지 않자 신라 장군 이사부가 하슬라주의 군주가 되어 말하기를 "우산국 사람들이 어리석고 성질이 사나워 위엄으로 복종시키기는 어려우니 꾀를 써서 복종시킬 수 있을 것이다."라고 하였다. 이에 나무로 된 가짜 사자를 많이 만들어 군사용 배에 나누어 싣고는 우산국 해안에 이르러 말하기를 "너희들이 만일 복종하지 않는다면 이 맹수들을 풀어놓아 밟혀 죽게 하겠다."고 하니 우산국 사람들이 두려워서 곧바로 항복하였다.

나무로 가짜 괴물을 만들어서 싸움 한 번 하지 않고 꾀를 써서 울릉도 사람들이 항복하게 한 일화는 그리스 시대 〈오디세이〉에 나오는 트로이 목마가 떠오르게 만들지요?

이때에는 사람들이 독도를 울릉도에 붙어 있는 섬이라고 생각했기 때문에, 우산국이라는 명칭으로 울릉도와 독도 둘 다를 가리키는 것으로 볼 수 있어요. 고대 지도만 봐도 해류를 타고 가면 더 먼저 독도에 닿는 경우가 많아서 독도가 울릉도보다 내륙에 가깝게 그려진 지도들도 많아요.

독도의 위치가 울릉도보다 가깝게 그려진 팔도총도

독도가 그려진 우리 나라 최초의 지도 팔도총도

1530년에 완성된 〈신증동국여지승람〉에 수록된 지도로, 울릉도와
독도의 위치가 뒤바뀌어 그려져 있는 것이 특징이에요. 독도가 울릉
도보다 더 내륙에 가까이 그려진 이유는, 그 당시 사람들은 독도나 울
릉도를 가려면 강원도의 울진항에서 출발해야 했어요. 이곳 바다에
흐르는 해류인 쿠로시오 난류를 따라서 배가 흘러가다 보면 울릉도보
다 독도에 먼저 도착하게 된답니다. 그래서 사람들은 독도가 울릉도
보다 본토에 더 가깝다고 잘못 알고 있었어요. 그러나 150년이 지난

후부터는 독도와 울릉도의 위치가 제대로 된, 다시 말해 울릉도가 내륙에 더 가깝게 그려진 지도가 나오기 시작해요.

동국여지지 기록 속의 독도

서울대학교 박물관에서 소장하고 있는 유형원의 동국여지지 제7권(1656년)을 보면 강원도 편에서 우산도가 언급되고 있어요. 여기에는 "일설에 우산과 울릉은 본래 한 섬이다(一說于山國鬱陵本一島)"라는 동국여지승람에 나온 말이 그대로 인용되어 있답니다.

동국여지지

일성록 속 독도

일성록은 조선 영조 28년(1752년)부터 순조 4년(1910년)에 왕을 중심으로 국가 운영을 기록한 글로 '왕의 일기'라고도 불려요. 이 중 정조 10년(1786년) 6월 4일자 기록에는 원춘 감사 이치중이라는 사람이 울릉도를 조사한 기록이 있는데, 그중에 독도가 언급되어 있어요. 한번 읽어 볼래요?

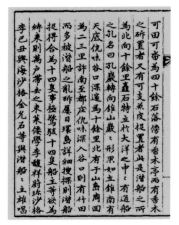

일성록

"앞쪽으로 가지도구미(可支島仇味)에 나아가니, 산허리에 석굴 두 개가 있었는데 그 깊이를 헤아리기 어려웠고, 가지어(可支魚)가 놀라 뛰쳐나왔다가 물로 뛰어드는 사이에 포수가 일제히 총을 쏘아 두 마리를 잡았습니다."

'가지도'는 독도의 다른 이름이고, '가지어'는 독도에 살던 강치의 다른 이름이라고 앞에서 배웠던 기억이 떠올랐나요? '구미'는 물굽이, 즉 곶을 말하는데 바다로 돌출한 육지의 앞부분을 말해요. 이 기록을 보면 조선 시대에 정부의 관리인 감사가 울릉도를 사찰하면서 독도도 함께 둘러보았다는 것을 알 수 있어요.

로버트 무어의 한국 지도

1628년에 제작된 지도를 1784년에 복사한 판본이 미국 LA 카운티 미술관(LACMA: Los Angeles County Museum of Art)에 소장되어 있어요. 로버트 무어(Robert W. Moore)라는 미국인이 기증했다는 기록이 남아있고요. 이 지도에도 보면 독도가 우산도라는 이름으로 울릉도 왼쪽에 위치하게 그려져 있는 걸 볼 수 있답니다.

김대건이 제작한 조선전도

우리나라 최초의 천주교 신자인 김대건 신부님이 제작한 조선전도(1846년)는 우리나라 지명을 우리 발음 그대로 로마자로 표기한 최초의 지도예요. 중국에 있는 프랑스 신부들에게 조선 입국 경로를 알려주기 위해 만들어진 지도로, 불어로 Carte de la Corée라 불리며 프랑스 국립도서관에 원본이 보관되어 있어요. 우리나라에는 1978년 그 사본이 들어와서 국회도서관과 독도박물관에 보관되어 있어요.

김대건 신부 이전에는 프랑스 왕실 지리학자 당빌이 제작한 '조선국도'와 독일인 시볼트가 제작한 '조선반도도'가 서양에 우리나라의 지도를 알린 지도들이에요. 그러나 조선전도야말로 우리나라 지명을 우리나라 발음대로 소개한 첫 지도라 할 수 있답니다.

김대건 신부가 제작한 조선전도 속 울릉도와 독도

아국총도

정조때 제작된 지도첩인 여지도(輿地圖)에 수록된 조선전도로, 북부지방의 윤곽을 정확히 표현한 조선 후기의 지리학자 정상기(鄭尙驥)의 동국지도를 따르고 있어요.

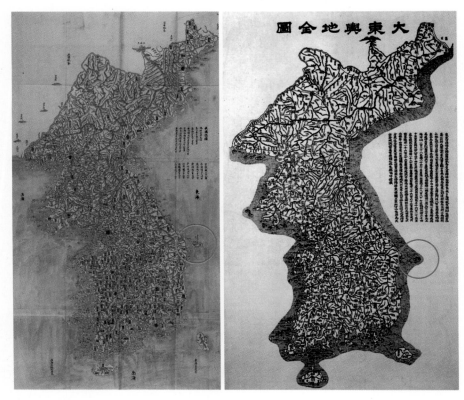

아국총도(왼쪽) 대동여지전도(오른쪽)

산줄기와 하천, 팔도를 화려하게 채색한 아국총도는 특히 해안의 섬들이 자세히 그려져 있어요. 백두산이 북쪽에 우뚝 솟아 있고, 우산도(지금의 독도)가 울릉도 동쪽 동해에 정확하게 표시되어 있답니다.

대동여지전도

고산자(古山子) 김정호(金正浩)의 대동여지도를 한눈에 볼 수 있게 줄여서 만든 지도에요. 지도를 보면 산줄기를 연이은 톱니모양으로 표현하고 선의 굵기로 산줄기의 대소를 구분하는 표현방식이나 지도의 내용으로 보아 김정호가 제작한 것으로 추정하고 있어요. 조선시대 행정구역이었던 군과 현의 위치, 그리고 도로망이 자세히 표기되어 있답니다.

동국대지도

정상기(鄭尙驥, 1678~1752)의 〈동국지도〉를 변형시킨 대형 조선전도로 만주와 청나라의 동쪽 해안 및 일본을 함께 그려 넣은 특징이 있어요. 동해 해역에 울릉도와 우산(독도)도 함께 표기하였어요.

해좌전도

19세기 중엽에 제작된 목판본 조선전도로 지도 여백에 지리, 역사 등 인문지리적 내용이 풍부하게 기술되어 있는 점이 특징이예요. 내용 중에는 『신증동국여지승람』에 기록되어 있는 우산국의 역사가 기록되어 있는데 신라의 이사부가 우산국을 항복 시켰다는 내용이 담겨 있어요.

독도에 대한 여러 가지 기록들

● 세종실록지리지(1454년)

"우산과 무릉 두 섬은 울진현의 정동쪽 바다에 있다. 두 섬은 서로의 거리가 멀지 않아 날씨가 맑으면 바라볼 수 있다. 우산도는 독도, 무릉도는 울릉도를 말한다."

● 신증동국여지승람(1531년)

"우산도·울릉도 무릉(武陵)이라고도 하고, 우릉(羽陵)이라고도 한다. 두 섬이 현(縣)의 정동쪽 바다 가운데 있다."

● 동국문헌비고(1770년)

"우산도·울릉도 두 섬으로 하나가 바로 우산이다. 여지지에 이르기를, 울릉과 우산은 모두 우산국의 땅인데, 우산은 일본이 말하는 송도(松島)라고 하였다."

● 만기요람(1808년)

"울릉도가 울진 정동쪽 바다 가운데 있다. 여지지에 이르기를, 울릉과 우산은 모두 우산국의 땅인데, 우산은 일본이 말하는 송도(松島)라고 하였다."

● 증보문헌비고(1908년)

"우산도·울릉도 두 섬으로 하나가 우산이다. '속(續: 새로 추가한 내용)' 지금은 울도군이 되었다."

세종실록지리지

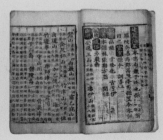

신증동국여지승람

2. 일본의 자료들

조선경도일본대판서국해변항로(1748년)

이 지도에서 독도(우산도)가 일본측 지도에서는 처음으로 등장해요. 이 지도는 우리나라와 오사카, 중국과 오사카 간의 뱃길을 표시할 목적으로 만들어졌고, 지도를 보면 조선 동쪽 바다에 독도가 조선 영토임이 분명히 표시되어 있어요.

삼국접양지도(1785년)

당시 일본 최고의 지리학자인 하야시 시헤이가 만든 지도로, 여기서 삼국이라 함은 조선, 류큐(오키나와 열도) 및 하이국(아이누 족이 사는 북해도의 이북 지역)을 말해요. 일본은 19세기가 되어서야 비로소 하나의 통일 국가가 되었기 때문에, 이 지도가 제작될 당시 오키나와와 북해

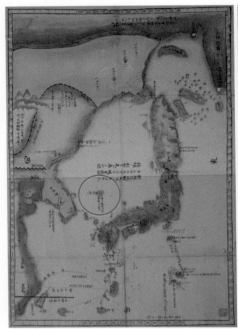

삼국접양지도(왼쪽)과 조선여지전도(오른쪽)

도는 일본 땅이 아니었어요. 그래서 이 두 지역과 조선을 포함해 삼국이라고 하는 지도가 나온 거예요.

이 지도에서는 일본 영토는 녹색으로, 조선 영토는 노란색으로 표시되어 있는데, 울릉도와 독도는 노란색으로 표시되어 있어요. 이런 역사적 기록만 봐도 독도가 우리 영토임이 확실하다는 증거예요.

조선여지전도(1875년)

일본 명치 9년(1875년) 총생관의 〈조선신론〉에 실린 작은 지도로, 1875년 강화도에서 조일수호조규(朝日修好條規)를 맺은 해와 같은 해에 발간되었어요. 일본인들이 조선에서 자유로이 돌아다닐 수 없는 때였으므로, 일본 밀정들에 의해 측량되어 제작된 지도로 추정되어요. 또한 일본 밀정들이 휴대하기 편하도록 작은 크기(23센티미터)로 제작된 것이 특징이고요.

이 지도를 보면 울릉도 왼쪽에 우산도가 잘못 그려져 있고, 멀리 떨어진 곳에 송도라는 섬을 따로 그려 넣은 것을 볼 수 있어요. 울릉도 옆에 독도를 그려 넣은 것은 독도를 울릉도에 속한 섬으로 일본인들도 인식하고 있었다는 점을 보여 준다고 할 수 있어요.

일본의 또 다른 자료들

● 조선전도(1882년)
1874년 일본 육군 참모국이 간행한 지도로, 조선 팔도에 각각 다른 색을 칠해 구분하였으며 울릉도와 독도는 각각 죽도와 송도로 적혀있어요.

● 대일본제국지도(1892년)
〈만국신지도〉에 실린 오노 에이노스케가 제작한 지도예요. 일본 영토는 황색을 칠했지만, 울릉도와 독도는 나머지 조선 영토와 마찬가지로 색이 칠해져 있지 않아요.

● 일본 사회과 부도(1893년)
19세기 말 일본 교과서 부록인 이 지도책에도 일본 영토는 채색되어 있으나, 울릉도와 독도는 색이 칠해져 있지 않아, 일본이 당시 독도를 일본 영토로 생각하고 있지 않았음을 보여 주고 있어요.

3. 독도를 둘러싼 과거의 갈등

독도 영유권을 주장한 안용복

지금으로부터 약 3백여 년 전 조선 숙종 시절, 왜구(일본 해적)가 조선의 해안 및 섬 지역에 자주 출몰해 조선인들을 괴롭히자, 숙종은 쇄환(刷還)정책으로, 즉 행정력이 관리 및 보호하기 힘든 섬의 주민들을 육지로 철수시키는 정책을 펴요. 이 틈을 타서 일본 어민들은 이후 80여 년간 울릉도와 독도를 밥 먹듯이 드나들며 물고기를 잡아가고 향나무를 베어 가는 일이 발생했어요. 일개 평민에 불과했던 안용복은 이를 보다 못해 1693년경 청년들을 이끌고 울릉도에 가서 왜인들을 저지하다가 붙잡혀서 일본으로 끌려가게 되었어요. 하지만 오키섬의 책임자인 다이칸(섬을 다스리는 영주)에게 끌려간 안용복은 오히려 울릉도와 독도가 조선 땅이라고 주장하는 용기를 보여 주었어요.

오키섬 주민들 사이에 구전되는 얘기에 따르면, 당시 안용복은 다이
칸에게 "울릉도와 독도가 일본 땅이라면 왜 일본인들은 그 두 섬으로
오는 데 도해(渡海) 허가원(바다를 건너는 허가증으로 현재의 출국증명서)을
받고 오느냐?"고 따졌다고 해요. 답변이 궁했던 다이칸은 오키섬이
속한 돗토리 성의 번주에게로 안용복을 보냈고, 돗토리 성 번주도 답
을 할 수가 없어서 당시 일본의 정권인 에도의 막부에 이를 어찌할지
물어봐요. 그러자 에도(江戶) 막부(일본을 실질적으로 통치하던 무사 정권
으로 에도 막부는 에도 시대의 막부 정권을 말한다.)는 결국 '울릉도 및 독도
도해 금지 결정문'을 안용복에게 써 주게 돼요. 그러나 안용복은 조선
으로 돌아오는 길에 대마도에 들렀다가 교활한 대마도 도주에게 이
결정문을 빼앗기고 말아요. 막상 조선에 돌아가자 조선 조정은 이런

독도는 조선 땅이오!
일본 땅이라면
왜 도해증을 받아서
일본 어부들이 독도로
들어오는 거요!

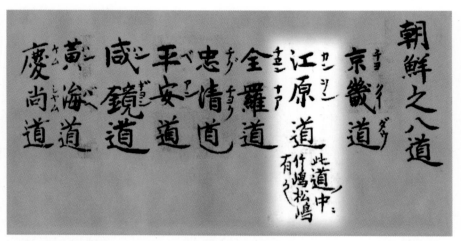
울릉도(죽도)와 독도(송도)가 강원도에 속해 있다는 것을 확인한 팔도문서

안용복을 '무단월경죄(무단으로 국경을 넘은 죄)'로 몰아 2년 동안 옥살이를 시키는 어처구니 없는 일이 발생했어요.

　그러자 일본은 이를 빌미로 또다시 울릉도와 독도에서 무단으로 어업과 채벌을 계속했고, 옥살이에서 풀려난 후 안용복은 1696년 5월 또 다시 일본으로 찾아가 돗토리 성주를 다시 만나요. 안용복은 울릉도(죽도)와 독도(송도)가 강원도 땅이라고 적혀 있는 조선의 팔도 이름이 적힌 문서를 펴 보이며, "일본이 말하는 죽도는 조선의 울릉도이고, 송도는 조선의 독도가 아니냐. 나는 우리 땅에 간 것인데 나를 납치해 조선에서 월경 혐의로 벌을 받게 한 다이칸를 상대로 소송을 걸려고 왔다."고 따져요. 이에 돗토리 성의 번주는 이에 당황해서 "두 섬이 이미 당신네(조선)의 것이니 만일 다시 국경을 넘어(울릉도와 독도를) 침범하는 자가 있으면 무겁게 처벌하겠다."라는 에도 막부의 결정

사항을 적어 줘요. 이 문서가 독도가 우리 땅임을 일본이 인정한 최초의 역사적 사료예요. 그리고 다시 일본에서 돌아왔을 때 안용복은 조선 조정에 또다시 붙잡혀서 감옥에 갇혔다가 귀양가는 벌을 받았다는 기록을 끝으로 더 이상 일본 관련 역사 기록에서 그의 이름을 찾을 수가 없게 되었어요.

다만 이후 조선후기 실학자인 이익(1681~1763)은 저서 〈성호사설〉에서 안용복에 대해 "죽음을 무릅쓰고 국가를 위해 강적과 겨뤄 그들의 간사한 마음을 꺾고, 여러 대에 걸쳐 분쟁을 그치게 하였으니, 계급은 낮았어도 행동한 것은 진짜 영웅호걸답다."라고 적고 있어요.

두 차례나 일본으로 간 안용복에 대해서는 일본측에도 많은 기록이 남아 있답니다. 안용복의 키가 4척 1촌(약 185센티미터)으로 당시 조선인 평균보다도 훨씬 컸지만, 키가 작아서 왜(倭)라고 불리던 일본인들에게 안용복은 실로 거인으로 보였을 것이 분명해요.

비록 안용복은 역사의 뒷길로 사라졌지만, 그가 가지고 온 문서는 남아 있고, 일본 측 사료에도 그의 행적이 자세히 적혀 있으니, 독도와 관련해서 안용복이 세운 공로는 대단하다 할 수밖에요.

울릉도 검찰사 이규원

이규원은 조선 말기의 무신으로 1851년(철종 2년) 무과에 합격해 벼슬길에 나선 후 1882년(고종 18년)에 울릉도 검찰사가 되어 울릉도와

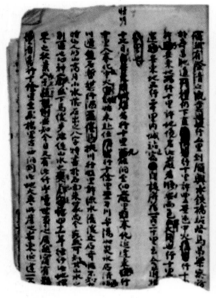

울릉도 검찰일기

독도를 조사하고 정리한 후, 이에 대해 보고와 건의 사항을 조정에 올린 기록이 남아 있어요.

1882년(임오년) 4월 29일부터 5월 13일까지 검찰사 이규원은 울릉도에서 일본인들이 함부로 활동하는 것을 막으라는 조정의 명을 받아 울릉도 지역을 조사하고 불법으로 활동하던 일인들을 정리한 후 조정에 보고했어요. 만 14일 동안 울릉도와 이에 딸린 섬들을 돌아보면서 벌목 등의 활동 중이던 조선인 160여 명과 일본인 90여 명을 만나 탐문하고, 울릉도 개척 가능성을 타진하는 내용이 그 골자예요. 이전까지 섬을 비우는 정책으로 울릉도에 사는 주민들은 거의 없었고, 주로 어업 및 벌목을 위해 몇 달 단위로 기거하던 이들이 전부였어요. 이규원은 이들을 조사하던 중에 일본인들이 표지석까지 세운 것을 보고는 그 경위를 따져 묻고 일본인들을 내쫓고 이들이 세운 표지석을 정리했어요. 뭍으로 돌아온 후 그는 울릉도에 주민을 이주시켜 개척할 만한 곳이 여러 군데 있다고 보고하면서 동시에 우리나라 영토에 침입해 경제활동을 하는 일본인들의 부당함을 고발했어요. 또한 조정에 건의해서 조선 조정이 일본 외무대신 이노우에 가오루에게 항의하는 서한을 보내게 되었고, 이후 울릉도에 주민들을 이주시켜 정착하는 계기를 만들었어요.

그가 작성한 〈이규원 울릉도 검찰 일기〉는 이후 일본인들의 독도 침입에 대한 불법, 부당함을 입증하는 귀한 자료로 쓰이고 있답니다. 더불어 당시 〈조선왕조실록〉에는 이규원이 고종 임금께 고하고 고종

어허, 조선이 도해금지령으로
조선 백성이 섬에 살지 않으니까
왜인들이 자기 땅처럼 드나드는구나.
큰일이다, 조정에 알려야겠다.

이 하교하는(말씀을 내리는) 장면이 기록되어 있어요.

　그때 기록에는 울릉도는 "우산도라고도 하고 송죽도라고도 하고 혹은 송도·죽도라고도 하는데 우산도와 함께 이 세 섬을 통칭 울릉도라고 하였다."라고 해서, 울릉도와 더불어 울릉도 바로 앞의 작은 섬 죽도와 당시 송도라 불리던 독도가 모두 울릉도로 조선의 땅임을 확인한 기록을 또 찾아볼 수 있어요.

삼국사기보다 더 오래된
역사 기록은 없나요?

우리나라는 고조선 단군 시절부터 시작해서 근오천 년, 즉 반만년에 달하는 역사가 있어요. 현재 남아 있는 역사책 중 가장 오래된 것이 삼국사기일 뿐 그 이전에 쓰여진 역사책들도 많답니다.

세계기록유산, 즉 글로 남아 있는 유산을 아시아에서는 우리나라가 가장 많이 가지고 있고, 세계에서는 네 번째로 많이 가지고 있으니, 삼국사기 이전의 역사책이 없을 리가 없지요. 다만 남아 있지 않을 뿐이에요. 그 이유는 일제 시대가 시작되고 한국의 역사를 왜곡하기 위해 일본식민정부가 한국의 역사책 수십만권을 없애 버렸기 때문이기도 하고, 조선 후기부터 1945년 광복이 되기까지 제국주의 국가들에게 빼앗겼기 때문이기도 해요.

특히 1912년경 일제가 전국 방방곡곡에서 우리나라 역사와 문화 서적 이십여만 권을 수집해서 불태운 것이 결정적인 이유라고 할 수 있어요. 역사서를 없앤 일제의 만행은 1915년 미국상원의원 토마스의 미국 의회 발언 속기록에도 기록으로 남아 있답니다.

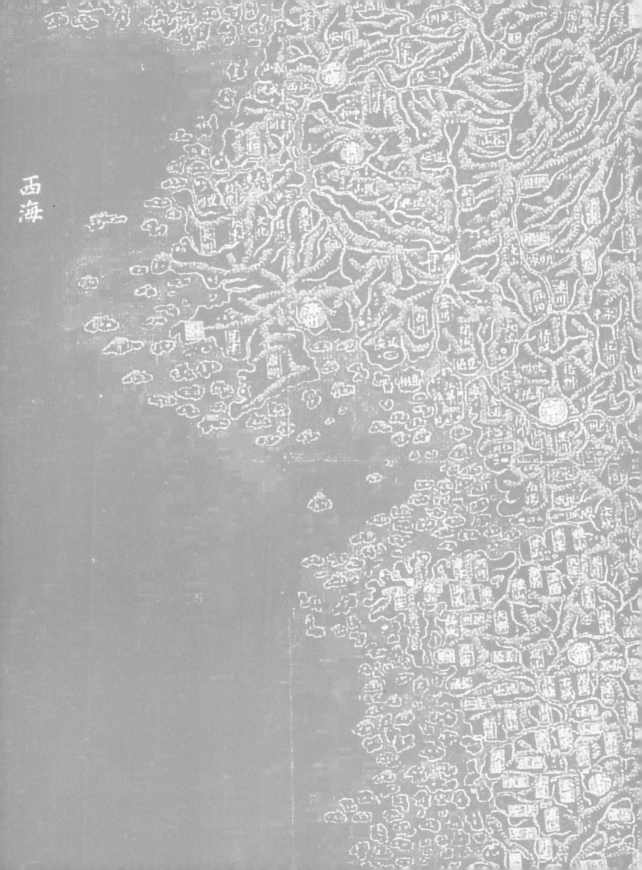

西海

03

독도는 왜 논쟁의
중심에 있나요?

— 독도를 둘러싼 현대 정세

1. 영유권 분쟁의 첫 단추

한일 양국 사이에 독도 영유권 문제가 처음으로 불거진 것은 1952 년 1월 28일이에요. 대한민국 정부가 1952년 1월 18일 '평화선 선언'을 한 지 열흘 후의 일이에요. 이 평화선 선언은 대한민국의 주권이 인근 바다 어디까지 미치는지에 대한 당시 대통령이 한 선언으로, 대한민국 영토에 독도를 포함시키고 있어요.

평화선 선언 이전에는 패전국 일본에 대한 2차 세계대전 승전국인 연합국들은 연합국최고사령부 훈령(1946년 6월 30일)을 통해, 일본인들이나 일본선박들이 독도 인근 12해리까지의 접근을 금지하였던 조치가 있었어요.

샌프란시스코 평화조약(1951년 9월 8일)이 체결되면서 위에 연합국최고사령부 훈령에서 지정한 효력이 없어지게 되자, 독도 인근 해역을 일본이 넘볼까 봐 우리정부가 단호하게 '평화선'을 선포하게 된 것이 에요. 공식 명칭은 '대한민국 인접해양의 주권에 관한 대통령 선언'이 에요. 일본은 이 평화선을 낮추어 부르고 싶을 때 '이승만 라인'이라고 불러요.

이 선은 대한민국 해안으로부터 60마일(약 97km)에 이르는 바다에

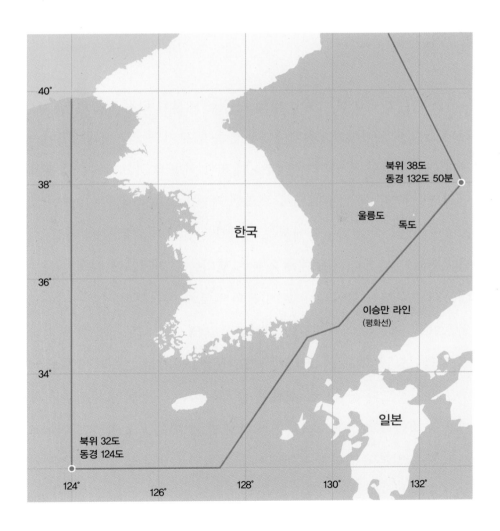

선을 그어 그곳에 포함된 광물과 수산자원을 대한민국의 소유로 보호하기 위한 목적으로 만들어졌어요. 선언에 반발하여 일본이 주일 한국대표부를 통해 '공해 자유의 원칙'을 내세우며 항의서를 제출해 오면서 두 나라 간에 본격적인 독도 영유권 논쟁이 시작되었답니다.

한국 정부는 평화선 선언 이후 1965년 한일국교정상화가 이루어질 때까지 13년간 이 선을 침범한 일본 어선 328척을 붙잡았다가 돌려보낸 일이 있어요.

사실 한국이 평화선 선언을 하게 된 것은 이보다 먼저 있었던 맥아더 라인 실효 때문이에요. 이 맥아더 라인은 일본이 제2차 세계대전에서 패배하며 전쟁에서 이긴 연합국을 대표한 연합국 최고사령관이 샌프란시스코 평화조약 체결 전에 선포한 라인(SCAPIN 1033호, 1946년 6월 22일)이예요. 이 평화조약에서는 어디가 일본의 영토로 남게 되고, 식민지를 포함해서 어디에 대해 일본이 권리를 포기할지에 대해 밝히는 내용이 포함되어 있어요. 이때 일본의 영토가 어디부터 어디까지라고 적으면서, 일본은 식민지였던 대한민국의 영토에 대한 권리를 포기하게 되었어요. 문제는 이 조약에 독도 이름이 분명히 기록되지 않고 제주도와 거문도와 울릉도를 포함한 한국에 대한 모든 권리, 권원과 청구권을 포기한다로 뭉뚱그려지면서 일본이 이 부분을 교활하게 이용해서 독도는 일본이 권리를 포기해야 할 대한민국 영토 중에 없다고 우겨오고 있어요.

그러나, 정식 일본과 조선 사이의 식민지 조약이 체결되기 몇 년 전 조선이 영토를 제대로 수호할 여력이 없던 시절에 일본이 시마네 현 고시를 통해 불법적으로 독도를 일본 영토에 편입시킨 것을 근거로, 일본은 계속해서 독도에 대한 자신의 영유권을 주장해 오고 있답니다.

일본은 1905년 시마네 현 고시로 독도를 일본영토로 불법편입시켰어요. 이때 근거로 삼은 게 무주지(無主地) 선점론이었지요. 아무도 살고 있지 않은 땅은 먼저 차지하는 국가의 것이라는 주장으로 국제법 조항을 들이대면서요. 이러한 불법적인 영토 편입 5년 후인 1910년에 조선은 일본의 식민지가 되면서 조선은 독도에 대해 아무 말도 할 수 없는 처지가 되었어요(우리나라에서는 한일합방을 1910년, 경술년에 일어난 국가적인 치욕이라고 해서 '경술국치'라고 불러요). 이후 일본은 태평양 전쟁을 벌이며 서구 연합군과 싸우다가 1945년 히로시마와 나가사키에 원자폭탄 투하되면서 서구 연합군에 항복하고, 일본이 점령했던 식민지 영토를 본래 식민국에게 돌려주게 돼요. 일본이 포기하는 식민지 영토와 일본이 그대로 간직할 일본 영토에 대한 규정이 바로 샌프란시스코 조약에 포함되어 있고, 이 조약은 1952년에 발효가 되었어요.

일본이 독도가 일본 땅이라고 주장하는 건 조선이 식민지로 병합되기 이전인 대한제국 시절 1905년 2월에 독도를 일본 영토로 편입시켰기 때문으로 주장하고 있는데, 이는 아래 두 가지 이유에서 보여 주듯이 말도 되지 않아요.

첫째, 독도가 일본에 편입된 때(1905.2)가 식민지병합(1910.8) 이전이라고는 하지만, 이미 1905년 당시 대한제국은 일본의 강압적 무력 압력으로 인해 무력해진 상태했어요. 그보다 10년 전인 1895년 10월에 조선의 왕비인 명성황후를 일본 외교관의 지시를 받은 일본 낭인이 궁궐에 난입해서 잔인하게 죽였어도 항의를 못할 정도였지요. 게다가 1904년 2월 불법 상륙한 일본 1개 대대병력이 경복궁을 포위하고 한일의정서를 강제로 체결하였으며, 1904년 7월에 강제로 맺게 된 제1차 한일협약으로 재정권과 외교권의 대부분을 빼앗긴 상태였어요. 1905년 2월 독도를 강제편입하고 몇 달 후인, 1905년 11월에는 '을사늑약'이 체결되면서 조선은 완전히 외교권을 빼앗기게 돼요. 이러한 혼란 시기에 대한제국은 일본의 일개 작은 현의 고시로 알린 독도 편입에는 신경을 쓸 수도, 인지할 수도 없는 상황이었어요.

둘째, 무주지 선점론을 내세우며 먼저 선점하고 고시를 했는데도 대한제국이 항의를 하지 않았다고 하며 독도는 먼저 차지한 일본 땅이라고 주장하는데, 이 역시 말이 되지 않아요. 국제법에 따르면 무주지 선점론이 유효하려면 각 국가에서 파견한 외교관들이 볼 수 있도록 중앙관보에 공지해서 주변 국가에 알려야 해요. 하지만, 일본은 독도의 시마네 현 편입은 작은 지방정부 관보에 일본어로 고시하고 말았기 때문에 주변 국가들이 알 수가 없었고 따라서 국제법상 효력이 없답니다.

2. 독도를 지켜 온 사람들

최초의 울릉군수 심흥택

심흥택은 대한제국 시절 울릉 군수를 지낸 사람이에요. 이 사람이 1906년 남긴 보고서에 '독도'라는 명칭이 처음 등장해요.

1906년 3월 28일 심흥택은 울릉도를 찾아온 시마네 현 조사단을 맞이했어요. 이들은 다케시마, 즉 독도를 일본 영토로 편입시켰으며 독도를 둘러보고 오는 길이라고 심흥택 군수에게 말했어요. 이에 놀란 군수는 그 다음날 강원도 관찰사 서리 이명래에게 이 사실을 알렸어요. 관찰사에게 보낸 이 문서가 현재 서울대학교 규장각에 보관되어 있답니다.

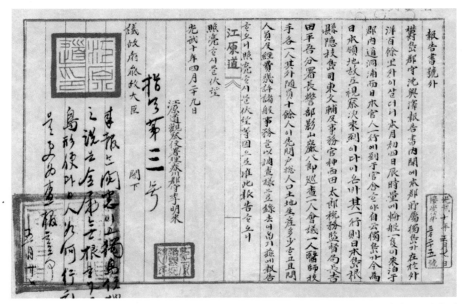

1906년 강원도 관찰사 이명래의 보고서 호외

이 보고서를 통해 대한제국은 일본이 독도를 무단으로 자국 영토로 편입시켰음을 인지했어요. 그리고 일본이 어떠한 사전 협의나 사후 통보도 없이 비밀리에 독도를 불법적으로 편입시켰다는 것을 알 수 있었지요. 일본의 독도 편입을 중앙 정부에 알린 보고서 내용은 다음과 같아요.

> 먼 바다 백여 리 밖에 본군 소속 독도가 있습니다만, 3월 28일 오전 7~9시쯤에 배 한 척이 군내 도동포구에 정박했는데, 일본 관리 일행이 군수관사로 와서 말하기를, '독도가 이제 일본 영토가 되었기 때문에 시찰하기 위해서 방문했다'고 하였습니다.

독도의용수비대와 홍순칠 대장

독도의용수비대가 남긴 한국령

독도의용수비대는 울릉도 청년들로 구성된 조직이에요. 1953년 4월부터 1956년 12월, 경찰에게 독도 수비 임무와 무기를 인계하기 전까지는 독도를 지켰던 사람들이에요. 이들은 자금과 무기를 자체적으로 조달하며 대한민국 정부가 한국전쟁 말기부터 경제적 여력이 없었던 시절 3년 6개월 동안 독도를 차지하려는 일본에 맞서서 독도를 지켰어요.

현재 동도바위에 '한국령(韓國領 한국의 영토라는 뜻)'이라는 글자를 새겨 넣은 것도 홍순칠이 이끄는 독도의용수비대가 남긴 것이에요. 국가의 영토를 지키겠다는 의지로 자발적으로 뭉친 이들의 목숨을 건 독도 지키기가 있었기에 지금까지 독도가 우리 땅임을 확고히 할 수 있었던 것이지요.

독도 최초의 주민 최종덕

울릉도 주민이던 최종덕은 1965년부터 독도에서 어업 활동을 하다가 1968년부터는 아예 독도로 이주해서 거주했어요. 일본이 독도에 거주하는 이가 없어서 선점했다는 무주지 선점론을 들먹이자 1981

최초의 독도 주민이었던 최종덕

년 아예 주민등록을 독도로 옮기고 거기서 거주하기 시작했답니다.

서도에 살던 최종덕은 유인도가 되는 데에 결정적인 근거가 되는 요건 중 하나인 물이 충분히 나오는 물골을 발견했어요. 그리고 직접 물골에서 숙소까지 깎아지르는 절벽 같은 길을 다듬어 계단을 만들었답니다.

1987년 부서진 어민 숙소를 수리하기 위해 재료를 사러 포항으로 나왔다가 뇌출혈로 생을 마감할 때까지 독도를 가꾸고 지키는 노력을 아끼지 않은 또 한 명의 독도 지킴이였어요.

현재는 서도에 김성도, 김신열 이장 부부가 살고 있고, 동도에는 울릉경찰서 소속 경비대원들이 거주하고 있어요.

초대 독도박물관 관장 서지학자(서적편찬자) 이종학

이종학

이종학 관장은 1980년대 초부터 독도 관련 자료를 수집하기 위해서 수십 차례 일본을 드나들며 일본 곳곳의 도서관에서 수천여 종의 자료를 모아 왔어요. 일본측 자료가 일본측의 주장을 반박하는 데에 훨씬 더 효과적이기 때문이죠. 이종학 선생님은 "난 일본하고 소리 없는 전쟁을 하고 있습니다."라고 말씀하시며, 수십 년에 걸쳐 일본이 하는 억지 주장에 조용히 대응했던거예요.

이종학 선생님의 독도 영유권 주장의 핵심은 일본과 재판을 해서 이기겠다는 것이 아니에요. 그렇게 하기 위해 그 많은 자료들을 모은 것도 아니고요. 이종학 선생님은 "내가 이렇게 많은 자료를 동분서주하면서 모으는 목적은 국제사법재판소에서의 재판을 유리하게 이끌기 위해서가 아니라, 수집된 이 자료를 증거로 하여 세계만방이 독도는 엄연한 한국의 땅임을 스스로 알게 하여, 일본에게 감히 무력에 의한 전쟁의 구실을 주지 않기 위함입니다."라고 말씀하셨어요(국제사법재판소로 가는 문제는 다음 장에서 자세히 다룰 예정이에요).

현재 울릉도에 있는 독도박물관이 소장하고 있는 자료는 대부분 이종학 선생님이 사재를 털어 찾아낸 귀중한 역사적 자료들이랍니다.

독도경비대

　현재 독도의 동도에는 울릉경찰서 소속 경비대원 34명이 파견되어 독도를 지키고 있어요. 1956년 12월 25일 창설되어서 독도의용수비대로부터 독도를 지키는 임무를 넘겨받은 이후로 변함없이 독도에 주둔하며 독도가 우리 땅임을 확실히 하고 있지요.

　그리고 독도 주변 바다에서는 해양경찰대원들과 해군들이 배를 타고 돌며 그 임무들을 다 하고 있고요. 해양경찰대 소속의 독도함이 독도 근처를 돌고 있고, 해군 함정도 독도지킴이 훈련을 틈틈이 하고 있답니다.

독도에서 외롭게 독도를 지키고 있는
독도 경비대 아저씨들께 편지를 보내
응원할 수 있다는 것을 아세요?

독도경비대 홈페이지에 들어가면 감사의 글을 남길 수 있답니다.
홈페이지(http://dokdo.gbpolice.go.kr)에 들어가서, 아래 배너를 클릭하면
게시판에 응원의 글을 남길 수 있어요.

힘내세요!
독도경비대!

독도경비대에게 전하는 응원글을 남겨주세요!

국가영역이 무엇인가요?

엄마, 아빠, 학교, 친구들 그리고 맑은 하늘과 공기….

이들의 공통점은 무엇일까요? 있을 때는 소중함을 잘 모르다가 잃어버린 후에야 그 소중함을 간절하게 느끼게 되는 것들이죠. 우리나라 헌법 제2장 국민의 권리와 의무를 보면, 제10조에서 국가의 존재 의미를 "국민이 인간으로서의 존엄과 가치를 가지게 하며, 행복을 추구할 권리를 가진다."라고 되어 있어요. 쉽게 풀어 보면 국가가 없다면 인간으로써의 존엄한 가치와 행복추구권은 물론 기본적 인권까지 무시당하며 살 수밖에 없다는 것을 의미해요.

지난 1900년 초부터 1945년 사이에 일본이 우리나라를 빼앗은 후 식민지에서 식민지 백성으로 겪은 일들을 생각해 보면 돼요. 우리나라 국민들은 인간으로서의 존엄한 가치, 행복추구는 물론 기본적 인권도 존중받지 못하는 설움을 겪어야 했어요.

> 국가에는 이 세 가지가 있어야 해요. 바로 국민, 주권 그리고 영토랍니다.

국가의 존재란 이렇듯 귀중한 것이에요. 이처럼 소중한 국가는 국민, 주권, 영토의 3가지 요건이 동시에 갖추고 있어야 국가라고 할 수 있어요. 다시 말해 국민, 주권, 영토 중 단 한 가지만이라도 잃게 된다면 '국가(nation)'가 될 수 없다는 의미이고, 이는 곧 국민의 주권과 영토를 보호할 수 없게 된다는 뜻이에요.

역사적으로 국가가 없는 민족들이 겪은 고통들을 생각해 보세요. 유대민족이 독일에서 6백만 명씩이나 학살당한 일도 있었고, 아랍에서는 팔레스타인과 쿠르드 족이 아직도 고통받고 있어요.

국민이란 사는 소재지와는 관계없이 원칙적으로 일정한 국법(國法)의 지배를 받는 국가의 구성원을 의미하는 건 모두 잘 알고 있지요?

그럼 주권(sovereignty)이란 무엇일까요? 국가를 배타적으로 관할하는 최고의 권력을 말하지요.

영토(territory)에 대한 것은 조금 더 어려워요. 영토는 육지에서의 영토와 바다영토인 영해 그리고 하늘영토인 영공으로 구성되며, 이 세 가지를 모두 합쳐 '국가영역'이라 불러요.

모든 나라들은 그 나라의 주권이 미치는 범위가 있는데 이것을 '국가영역'이라고 하지요. 그중에서도 영토는 가장 핵심이 되는 요소예요. 왜냐하면 영토가 없으면 영해도 없고 영토 및 영해를 떠나서는 영공도 있을 수 없기 때문이지요. 영토의 경계를 국경이라 하며, 국경선은 당사국 간에 특별한 합의가 있으면 그것에 의하여 정하고 특별한 합의가 없으면 해양, 하천, 호수, 산맥 등의 자연적 지형에 의하여 설정하게 되어 있어요.

예를 들어 배의 운행이 가능한 하천의 경우에는 하류로 향하는 항로의 중앙선, 배의 운행이 불가능한 하천은 양쪽 강가에서 중앙선, 하천에 다리가 있을 때는 당사국간에 특별한 합의가 없는 한 다리의 중앙선이 국경선이 되는 것이지요. 이러한 영토의 특징은 인접국에 대한 배타적 관할(exclusive control)이 가능할 때에만 진정한 국가영토라 할 수 있는 거죠.

일본의 학자 중 독도에 대해 한국측 영유권을 인정할 테니 독도와 인근 바다와 해저를 일본과 공동으로 개발하자는 주장을 하는 사람이 있어요. 이는 우리 고유의 영토인 독도의 영유권이 가지고 있는 배타적 관할권에 흠집을 내는 주장이에요. 나중에 시간이 흐른 후에 '공동 개발을 했으니 영유권이 없는 게 아니냐?'라고 말을 바꿀 여지를 준다는 거죠. 또한, 이런 제안을 하면 한국 내부에서 찬성과 반대로 갈라져서 시끄러워질 것이라는 계산이 깔려 있어요. 핵심인 영유권 문제에서 눈을 돌리게 하려는 의도가 숨어 있는 것이지요. 우리가 일본의 주장에 숨은 의도를 잘 파악하고 잘 대처하는 것이 중요하답니다.

그럼 우리나라 영토의 동서남북의 끝을 한번 알아볼까요?
대한민국 헌법 제1장 제3조에서는 '대한민국의 영토는 한반도와 그 부속도서로 한다'라고 되어 있어요. 자, 그럼 지도를 보면서 우리나라의 끝은 어디인가 한번 찾아볼까요?

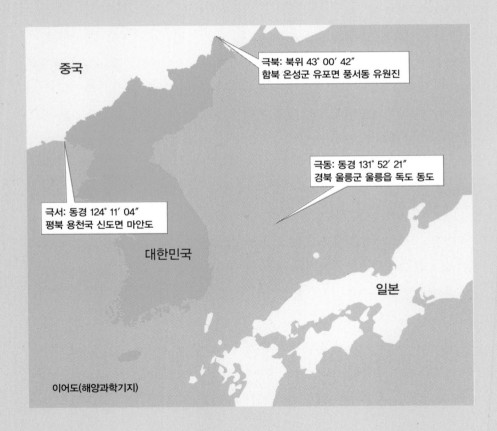

암초 오키노도리를 아시나요?

　일본 본토에서 남쪽으로 1천 7백 40킬로미터나 떨어진 태평양의 암초로 육지의 높이가 70센티미터입니다. 가로 2미터, 세로 5미터의 파도가 조금 높게 일면 전체가 물에 잠기는 바위랍니다.

　일본은 1988년에 막대한 자금을 투입해서 암초에 방파제를 쌓고 특수철 구조물과 콘크리트를 쏟아부어 지름 50미터, 높이 3미터의 인공섬을 만들었어요. 오키노도리라고 불리던 이 암초는 이후 섬이라는 뜻의 '시마'를 붙여 '오키노도리시마(沖ノ鳥島)'로 명하고 '일본의 최남단 영토'라며 배타적 경제수역 주장하고 있어요. 과거 일본은 본토 인근에 있는 오키나와현 하테루마시마(波照間島)에 '일본 최남단 비(碑)'를 세워 자국의 최남단임을 표시했어요. 이 비석은 아직도 그대로 해당 지역에 세워져 있답니다. 바다의 자원 때문에 기존 자국의 입장까지 뒤집는 탐욕스런 나라랍니다.

영해에 대해 자세히 알아볼까요?

　한 나라의 주권이 미치는 바다 영토가 12해리로 규정되어 있어요. 이 12해리를 기준으로 해서 우리나라의 국가 영역을 살펴보면 아래와 같아요. 영해 기준선을 그을 때 직선 기선과 통상 기선의 두 가지 기준선이 있어요. 직선 기선은 섬이 많은 해안에서 사용하는 기선으로, 최외곽 섬들을 직선으로 연결한 선이에요. 남해안이나 서해안과 같이 섬이 많은 곳에서는 영해기준선을 직선 기선으로 사용해요. 반면 통상 기선은 썰물 때의 해안선을 기준으로 정한 기선으로, 섬이 없는 해안에서 사용하지요.

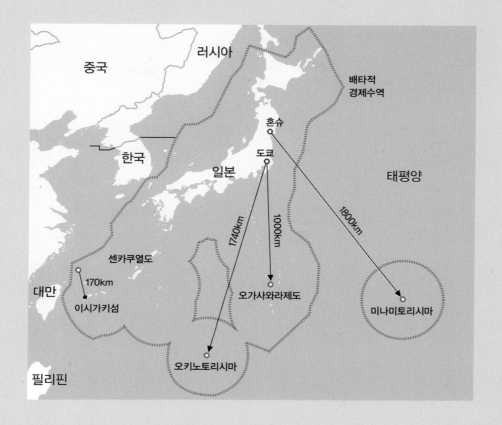

　육지해안과 섬의 간조선을 기준으로 해서 영해와 배타적 경제수역이 결정되기 때문에 국제법상 섬인지 아닌지를 결정하는 기준을 만족시키는 것이 중요해요. 유엔해양법협약(121조 1항)에서 섬은 바닷물로 둘러싸여 있으며 밀물 때에도 수면 위에 있는 자연적으로 형성된 육지 지역이에요. 인간이 거주할 수 없거나 독자적인 경제활동을 유지할 수 없는 암석인 경우 배타적 경제수역이나 대륙붕을 가지지 못한다고 국제 해양법(유엔 해양법 협약 제121조 3항)에 정의되어 있어요.

　위에 있는 지도를 볼까요? 일본의 국토면적은 38만 제곱킬로미터고, 일본 전체의 배타적 경제수역으로 표시된 부분(파란색 선으로 표시)은 무려 447만 제곱킬로미터가 되요. 일본이 주장하고 있는 배타적 경제수역 영역이랍니다.

'배타적 경제수역'이 뭐예요?

배타적 경제수역(EEZ: Exclusive Economic Zone)이란, 1994년 국제해양법이 발효되며 생겨난 개념으로 한 국가의 영토가 육지에만 국한되는 것이 아니라 그 국가 소유의 영토에서 200해리(약 370km)까지를 바다 영토로 규정하고 그 곳에 속하는 자연 자원(자연 생태 자원 및 지하 자원) 역시 그 국가의 소유로 인정하는 개념을 말해요.

일본은 1965년에 맺은 한일 어업 협정을 일방적으로 파기하고 '200해리 배타적 경제수역'에 맞춰 '신 한일 어업 협정'을 맺자고 했어요. 그런데 문제는 한국과 일본의 거리가 400해리가 채 되지 않거든요. 한국은 울릉도를 기점으로, 일본은 오키섬을 기점으로 반으로 나누려고 했어요. 그러나 일본은 교섭 막바지에 와서 울릉도와 독도 사이에 경계선을 긋자고 고집을 피웠어요. 결국 독도 주변 수역은 어느 나라 쪽 수역인지 결정되지 않은 '중간 수역'이 되었답니다. 이 협정이 양국 영토에 영향을 주지 않는다고 합의했지만 한국은 독도영유권의 훼손을

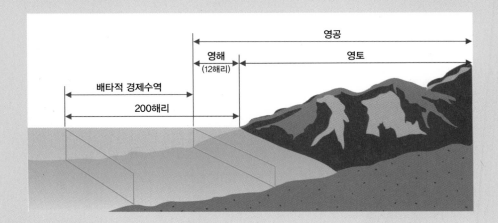

가져왔고 독도에 대한 일본의 탐욕이 더욱 커지게 되었어요.

현재 독도는 섬으로써 요건이 충족되기 때문에 12해리 영해는 인정받고 있으나 일본과의 갈등으로 인해 200해리 배타적 경제 수역은 지켜지지 못하고 있는 상태예요.

아래의 지도는 일본이 자국영토라고 주장하고 있는 지역이에요

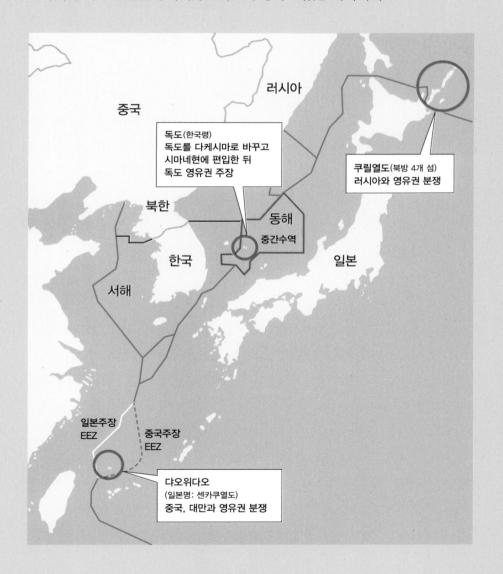

일본이 독도를 노리는 이유는 뭐예요?

일본은 러일전쟁때 독도 인근바다에서 일본 해전 역사상 가장 큰 승리를 한 곳이었어요. 당시 1905년 객관적 전력면에서 비교할 수 없을 정도로 불리했던 일본의 해군력이었음에도 불구하고 동해에서의 해상 전면전을 치렀어요. 독도와 울릉도를 군사적 요충지로 활용해서 러시아의 발틱함대와 블라디보스톡 함대를 공격했어요. 이때 일본측 손실은 함선 3척과 사상자 7백 명, 러시아는 함선 21척 침몰과 사상자 1만 1천명으로 일본측에서는 전승지의 성역으로서 상징성이 있는 곳이지요.

러일전쟁 마지막때인 1905년 5월 30일 러시아에게 항복문서를 받게 된 지역도 독도 앞바다였답니다. 일본 우익세력들이 독도를 승전지로 내세워 애국심을 고취시키고 있는데 군사전략적인 요충지로의 활용이라는 검은 속내가 있는 것이지요.

만일 독도가 일본 수중에 들어갈 경우 울릉도는 일본의 직접적인 위협을 받게 될 것이고 일본은 독도를 중심으로 한 12해리의 영해를, 그리고 또 200해리의 배타적 경제수역을 주장하겠지요. 이런 상황이 발생한다면 독도 주변 우리의 영해와 배타적 경제수역 중 상당부분이 일본의 영역으로 변하게 되는 것은 당연한 수순이 되겠지요.

그리고 일본의 고성능 잠수함들은 독도 주변 해역이 제공하는 천혜의 잠수함 활동구역에서 러시아에 대한 견제와 해상교통로에 대한 위협이 가능해지기 때문에 동해의 해상통제권을 손쉽게 확보할 수 있게 된답니다. 물론 동해 전체와 한반도 전역이 일본의 군사적 감시망으로 변하게 되어 동해 바다가 군사적 충

독도의 바닷속

돌의 위험한 상태가 되는 것은 불을 보듯 뻔한 일이 되겠지요.

　일본이 독도를 노리는 이유 중에서 가장 큰 이유라 할 수 있는 것은 해저 자원인 '메탄 하이드레이트' 때문이기도 해요. 독도 인근 바다에 묻혀 있는 매장량이 향후 미래자원으로서 경제적 가치가 엄청나기 때문이죠. 그리고 해양 심층수인 무균성 청정수와 풍부한 수산 자원 또한 말할 것도 없죠.

　독도의 생물자원인 미생물에 관한 연구도 활발한데 새로운 미생물들이 독도 주변에서 최초로 발견되어 독도 이름을 딴 미생물도 있어요. 이 세균들로 신약, 미생물 농약, 유용 효소등을 생산하는 데 쓰일 수 있답니다. 앞으로 발전 가능성이 높은 미생물 연구에 관심있다면 도전해 보셔도 좋을 것 같아요.

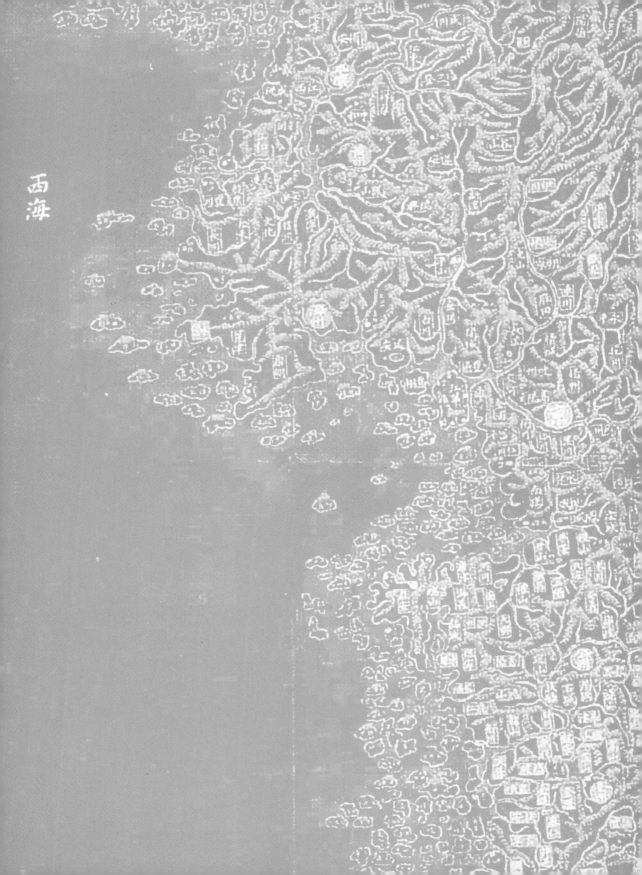

西海

東海

04

독도를 어떻게 지켜야 할까요?

― 독도는 대한민국의 영토

鐵道三十六官
清道五十四官
尚道七十一官
海道二十三官
安道四十二官
原道二十六官
鏡道二十四官
羅道五十六官

1. 독도가 일본 땅이라고?

무주지(無主地)선점론

주인이 없는 땅은 먼저 차지하는 쪽에 소유권이 있다는 국제법 상 규정이 있답니다. 이를 근거로 일본은 1905년 시마네 현이라는 작은 지방정부의 관보에 독도-다케시마는 원래 주인 없는 땅이라서 일본 땅으로 편입한다는 내용의 고시를 실었다며, 독도가 무주지를 선점한 일본 땅이라며 주장하고 있어요.

또한 이 고시를 근거로 해서 태평양 전쟁이 끝나고 승전국인 미국과 평화조약인 샌프란시스코 조약을 체결할 때에 일본의 본래 영토에 독도를 넣으려고 뒤에서 엄청난 로비를 벌였어요.

무주지 선점론이 성립하려면, 어떤 영토를 자기 국가로 편입시킨다는 주장을 다른 국가들이 알 수 있도록 공지한 후 주변국의 항의가 전

혀 없어야 가능하다고 국제법에 명시되어 있어요. 그러나, 일본은 독
도-다케시마를 자국 영토로 편입한다는 공지를 일개 일본 지방 정부
의 관보에 일본어로 고시했다는 것은 다른 국가들에게 공지했다고 볼
수 없어요.

　대한제국은 일본이 독도를 자국 영토로 편입(1905. 2. 22일)을 고시
했을 당시 이미 외교권(1905. 11월)과 군사권을 일본에게 박탈당할 정
도로 정권이 무력했고, 국가 전체가 없어지느냐를 두고 혼란스럽던
때이기 때문에, 일본 정부의 독도 편입이 정식 식민화 조약 이전의 일
이라 할지라도 이미 식민화 과정에서 생긴 일로 볼 수 있어요. 그래서

식민지 영토에 대한 권리를 모두 포기한다는 샌프란시스코 조약에서 일본이 포기하는 영토에 독도가 들어가야 하는 것은 당연해요.

더군다나 일본이 무주지 선점론을 근거로 시마네 현으로 독도를 편입한 1905년보다 5년 전인 1900년 대한제국의 황제로써 고종이 칙령 41호를 발표해서 독도가 우리 땅이라는 독도 주권을 선포한 바 있어요. 독도가 무주지라는 일본의 주장은 이로써 온전히 그 근거를 잃게 된 거죠.

한발 더 나아가 일본은 한국이 독도를 불법으로 점유하고 있다고 우기고 있어요. 하지만 그렇지 않아요. 1900년 이미 고종황제가 독도가 대한제국의 영토라 선포했는데도 1905년 일본은 시마네 현으로 독도를 편입했고 1910년 한국 전체를 식민지로 삼았다가 1945년 2차 세계대전에서 패하면서 체결한 조약에서 식민지였던 모든 영토에 대한 권리를 포기하는 데 동의했어요.

그래서 한국은 1948년 정부 수립 이후 독도에 정식 주소를 부여하고 주권을 행사해 왔고요. 그 당시 연합국과 일본 모두 아무런 이의를 제가하지 않았으니 독도는 한국 영토임이 확실하게 된 거죠. 또한 이후 독도에 한국 국민이 거주하고, 경찰과 공무원이 상주하며 등대와 기후관측장비 등 여러 시설이 설치되어 운영되고 있죠.

현재 독도는 천연보호구역으로 지정되어 우리나라에서 관리하고 있고, 관광선이 운행되어 매년 20만 명 이상의 관광객들이 독도를 오가고 있어요. 독도는 대한민국 영토로서 버젓이 그 역할을 하고 있고, 대한민국의 실효적 지배를 받고 있어요.

샌프란시스코 조약 해석

2차 대전 승전국들과 패전국인 일본 사이에서 맺은 평화 조약인 샌프란시스코 조약(샌프란시스코 평화조약 혹은 대일강화조약)은 여러 차례 초안이 바뀌면서 독도가 한국 땅으로 명시되었다가(1947년 1~5차 초안), 일본 땅으로 바뀌었다가(1949년 6차 초안), 여러 번 수정을 거쳐서 최종안(1951년)에서는 아래와 같이 일본이 포기해야 할 한국 영토에 독도의 이름이 명시되지 않은(그렇다고 일본 땅으로도 명시되지도 않은) 상태로 체결이 되었어요.

5차 초안까지 독도가 한국 땅으로 명시되다가 6차 초안에 일본 땅으로 명시되게 된 것은 일본 측의 집요한 로비와 일본령에 대한 영향권이 더 강한 미국측의 욕심이 작용한 결과예요. 이후 한국측의 항의와

샌프란시스코 조약 제2조(a)항
일본은 한국의 독립을 인정하면서 쿠엘파트(제주도)와 해밀튼 항구(거문도)와 다젤릿(울릉도)과 같은 섬을 포함하는 한국에 대한 모든 권리, 권원과 청구권을 포기한다.
Japan recognizes the independence of Korea, renounces all right, title and claim to Korea, including the islands of Quelpart, Part Hamilton and Dagelet.

1945년 9월 2일 일본 외무대신 시게미쓰 마모루가 항복 문서에 서명하는 모습.

다른 승전 연합국들, 특히 영국 측의 입김이 작용하면서 샌프란시스코 강화조약 최종안에서 독도가 일본 땅이라고 명시되는 불상사는 피할 수 있었어요. 그러나 한국 땅으로도 일본 땅으로도 명시되지 않아 이후 일본이 이 점을 이용해서 독도가 일본 땅이라는 교활한 주장을 하게 되었어요.

일본이 포기해야 할 한국의 영토에 독도의 명칭이 없다고 해서 포기한 섬에서 제외되었다고 한다는 것은 말이 되지 않아요. '제주도, 거문도 및 울릉도를 포함한 섬들'이지 제주도, 거문도와 울릉도 이 세 섬만을 포기한다는 뜻이 아니에요. 한국에 속한 섬 3천여 개가 일일이 기재

되지 않았지만 우리 영토로 인정하고 있듯이 말이에요. 거문도가 별도로 언급된 것은 1855년 영국이 불법으로 거문도를 점거해서 2년 동안 지배하며 해밀튼 섬이라고 불렸던 역사적 사실이 있어서 서방국가들 사이에서 헤밀톤(거문도)의 인지도가 높았기 때문이에요.

1951년 체결된, 샌프란스코 조약에 따르면, 일본의 침략시점을 1910년이 아닌, 1894년 청일전쟁 발생 시점으로 분명하게 하고 있어요. 그 조약에 따라 1894년부터 1905년 사이에 일본이 강제적으로 빼앗았던 대만과 요동반도, 사할린을 침략전 소유국인 중국, 대만, 러시아에게 돌려 주었지요.

가장 중요한 점은 독도는 영토 분쟁 지역이 아니라는 점이에요. 일본은 독도를 영토 분쟁 지역으로 만들고 싶어 해요. 크게 이슈가 되면 될수록 자신들에게 이로우니까요. 당연히 우리나라 땅이고 우리나라가 주권을 행사하고 있는 곳을 두고 분쟁을 벌일 필요도, 분쟁 지역으로 삼아서 국제 재판이니 하는 절차를 밟을 필요도 없는 것이지요.

2. 국제사법재판소로 가자고?

국제사법재판소에서 독도 문제를 해결하자는 주장

이 주장은 일본이 하고 있어요. 독도의 영유권 문제를 국제사법재판소에서 해결하자는 주장인데 이 주장에는 응할 필요가 없어요. 그 어느 국가도 실효적으로 지배를 하고 있고 역사적으로 영토였던 곳의 영유권을 다른 국가가 우긴다고 해서 재판을 할 이유가 없기 때문이에요.

누군가 내 신체의 일부를 자기 것이라고 우기면 내 몸을 내 몸이라고 인정받기 위해 재판에 가야 하나요? 마찬가지 이유에서 재판소에 갈 필요가 없어요. 또한 국제사법재판소와 한 국가 내의 법원은 성격이 완전히 달라요. 한 국가 내의 법원에서는 원고와 피고 양측이 분쟁을 일으키면 이 두 사람보다 우월한 국가 권력이 질문하고 들은 후 판

결을 내려주지만, 국제 재판에는 분쟁 당사자인 국가들보다 우월한 권력이라는 것이 없기 때문에 더욱더 재판을 할 필요가 없는 거죠.

더 나아가 국제사법재판소 조직에 개입된 일본의 정치적 음모를 살펴보면 절대 응하면 안 되는 주장이기도 해요. 국제사법재판소는 UN 산하기관으로 1945년에 설립되어서 네덜란드 헤이그에 본부를 두고 있어요. 국가간의 분쟁을 평화적으로 해결하고자 하는 목적으로 설립되었고, 임기 9년의 재판관 15명으로 구성되어 있고요.

그러나, 2003년부터 2012년까지 이 재판소의 재판장은 일본 황태자비의 아버지인 오와다 히사시 씨였고, 일본, 러시아, 그리고 중국 재판관은 있지만, 한국 재판관은 없어요. 즉, 일본 측에 유리한 판결을 내릴 재판관들로 구성되어 있는 조직이라는 뜻이에요. 자신들에게 유리하게 재판관들을 구성해 놓고 재판으로 해결하자는 주장을 한국이 따라가면 안 되겠죠?

또 하나, 일본이 영토 분쟁을 벌이고 있는 섬은 독도뿐만이 아니에요. 영토 욕심을 여기저기서 부리느라 다른 나라들과도 갈등을 빚고 있어요. 중국과도 센카쿠 열도를 두고 분쟁 중이고 러시아와도 쿠릴 열도를 두고 분쟁 중이지만, 일본은 이 섬들은 국제사법재판소에 제소하자는 주장은 하지 않고 있어요. 그러니 일본과 마찬가지 논리를 한국이 주장하는 것뿐이에요. 일본은 일본이 실효지배 중이라며 국제사법 재판소에 안 간다는 건데, 독도는 한국이 실효지배하고 있을 뿐 아니라 역사적으로도 분명히 한국 땅이에요. 그렇게 독도 문제를 국제사법재판소에 가져가고 싶으면, 센카쿠 열도와 쿠릴 열도 문제도 같이 국제재판소로 가지고 가자고 하면 일본은 꽁무니를 빼게 될 것입니다. 국제사법재판소에 가자는 일본의 1954년도 주장에 한국 정부는 이미 이렇게 답한 바가 있어요.

일본 정부의 제의는 사법절차를 가장한 또 다른 허위의 시도에 불과하다. 한국은 독도에 대한 영유권을 갖고 있으며, 한국이 국제사법재판소에서 이 권리를 증명해야 할 하등의 이유가 없다. 독도는 일본의 한국 침략의 최초의 희생물이다. 일본의 독도에 대한 비합리적이고 끈질긴 주장은 한국민들로 하여금 일본이 다시금 한국 침략을 시도하는 것인지 의심하게 한다. 한국민들에게 있어 독도는 단순히 동해의 작은 섬이 아니라 한국 주권의 상징이다.

일본의 다른 영토분쟁 지역

❶ 쿠릴 열도

일본의 홋카이도와 러시아의 캄차카 반도를 잇는 쿠릴 열도 20개 도서 중 최남단 4개 섬, 쿠나시르(일본 명: 구나시리), 하보마이 군도, 시코탄, 이투루프(일본 명: 에토로후)가 러시아와 일본이 영토 분쟁을 벌이는 곳이에요.

일본은 이곳을 지사마 열도 또는 북방 영토라 부르는데, 이 땅은 원래 1854년까지는 '아이누'라는 원주민의 땅이었던 걸 일본이 침략해서 일본의 일부로 만든 땅이에요. '아이누'는 코카서스 인종, 그러니까 백인종으로 일본인들과 인종적으로도 다르고, 쿠릴 열도뿐 아니라 현재 일본의 홋카이도, 도호쿠, 사할린에 거주하던 민족이에요.

일본의 대화족이 일본을 통일하면서 점령해서 점차적으로 아이누의 땅들을 하나씩 일본으로 편입시킨 거고요. 그중 쿠릴 열도가 아이누의 땅 중 가장 늦게 일본의 일부가 되었어요. 이 땅들은 1855년부터 1945년까지 약 80년 동안 일본 식민지였다가 일본이 제 2차 세계대전의 패전국이 되면서 러시아, 당시 소련에 넘겨주게 된 섬들이에요. 현재 일본이 자국의 영토라고 주장하면서 러시아에 반환을 요청하고 있어요.

❷ 센카쿠 열도(중국명: 댜오위다오)

센카쿠 열도는 일본 오키나와 서남쪽 약 400km, 중국 대륙 동쪽 약 350km, 대만 북동쪽 190km 정도의 동중국 해상에 위치한 8개의 섬으로 이루어진 섬들이에요. 일본, 중국, 그리고 대만이 이 섬을 두고 영토 분쟁을 벌이고 있어요. 현재 일본이 이 곳을 점유하고 있으며 중국과 대만은 지속적으로 영유권을 주장하고 있죠. 2000년 중반 이후 이곳을 두고 중국과 일본의 긴장은 만만치 않아요.

사실 댜오위다오는 오랜 세월 중국 청나라에 속한 무인도였는데, 청일 전쟁에서 일본이 승리하면서 빼앗아 갔어요. 이후 일본이 2차 세계대전에서 패했지만, 중국이 공산당과 국민당을 두고 내전을 벌이면서 샌프란시스코 조약에 전혀 발언권을 행사 못하는 사이 미국이 관리를 해오다가 1972년 일본에 넘겨주면서 이때부터 중국과 일본이 이를 두고 갈등을 빚고 있는 거예요.

일본의 교과서 왜곡

독도가 일본 고유 영토라고 표기한 중학교 공민교과서

2011년까지만 해도 일본 내에서도 독도가 일본 땅이라고 주장하는 사람의 수는 극히 적었어요. 그때까지 일본학생들 대다수는 독도(다케시마)가 어디에 있는지조차도 모르고 있었으니까요. 하지만 2008년 역사 교과서를 개정한 후 2011년부터 많은 일본의 초등학교에서 다케시마는 일본 땅인데 한국이 무단 점유하고 있다는 왜곡된 사실이 실린 역사 교과서로 역사를 가르치고 있어요. 2012년부터는 일본 중학교에서도, 2013년부터는 고등학교에서도 같은 사실을 가르치고 있죠.

교과서에는 한 나라의 교육 목적과 목표가 집약적으로 표현되어요. 그래서 앞으로 자라나는 세대의 생각을 형성시키고 바꾸는 데에 가장 큰 영향을 끼치죠. 그러한 역사 교과서에 독도가 일본 땅이라는 주장을 넣고 한국이 무단으로 점유하고 있다고 가르치는 것은 차세대 일본 사람들에게 잘못된 역사 인식을 가지도록 부추기는 행위이며 더 나아가 한국과 분쟁을 지속하겠다는 의사표현이기도 해요. 잘못 배운 일본인들이 한국이 독도를 무단으로 점유하고 있다고 믿고 화내고 미워하는 상황을 한 번 생각해보세요. 제대로 잘 가르치는 일이 얼마나 중요한지, 역사 교과서가 얼마나 중요한지 이걸 상상해보면 알 수 있어요.

맹목적인 민족주의 혹은 민족 우월주의가 얼마나 큰 전쟁을 일으켰고 얼마나 많은 사람들을 죽이고 끝났는지 2차 세계대전을 통해 전쟁을 일으켰던 국가들은 반성하고 배워야 해요. 그러나 독일과 달리, 일본은 반성하지 않고 역사를 왜곡해 가면서 잘못된 길을 다시 가려고 하는 모습을 보여 주고 있어요. 과거의 실수에서 배우지 못하는 건 참으로 안타까운 일이에요.

우리는 역사를 바로 알아야 하며, 우리의 목소리를 키워서 제대로 된 역사를 알려서 일본의 잠든 양심을 깨우고 더 나아가 독도를 통한 우리의 평화의지를 세계에 알릴 필요가 있어요. 그렇기 때문에 독도를 지키는 일은 단순히 우리나라 땅을 지키는 노력일 뿐만 아니라 이 세계에 평화를 구축하려는 노력이기도 해요. 제대로 아는 것이 힘이 되고, 밝은 미래를 가져오는 힘이기도 해요.

3. 대한민국의 이어지는 영토 수호 노력

독도에 대한 대한민국 정부의 공식 입장

대한민국 정부는 독도에 대한 공식적인 입장을 아래와 같이 밝히고 있답니다.

- 독도는 역사적·지리적·국제법적으로 명백한 우리 고유의 영토입니다. 독도에 대한 영유권 분쟁은 존재하지 않으며, 독도는 외교교섭에 사법적 해결의 대상이 될 수 없습니다.
- 우리 정부는 독도에 대한 확고한 영토주권을 행사하고 있습니다. 우리 정부는 독도에 대한 어떠한 도발에도 단호하고 엄중하게 대응하고 있으며, 앞으로도 지속적으로 독도에 대한 우리의 주권을 수호에 나가겠습니다.

해군의 독도지킴이 훈련 모습

독도에 정부가 취한 조치들

1956년 독도경비대를 창설하여 파견 후 죽 독도를 경비하고 있으며, 1997년 독도의 동도에 500톤급 선박이 접근할 수 있는 접안시설, 즉 선착장을 설치했어요. 이후 4천억 원을 들여 독도 방파제와 독도 수중관람시설 같은 대규모 관광시설과 독도종합해양과학기지를 지어 독도에 대한 실효적 지배를 강화한다는 계획을 발표했으나, 이명박 정부가 들어서면서 이런 시도가 일본을 자극해서 군사분쟁으로 이어지고 UN의 강요로 국제사법재판소로 가게 되면 독도 영유권 확보에 외려 지장이 될 수 있다는 반론이 제기되면서 이 계획들은 보류되었어요. 이때 독도를 '녹색섬'으로 유지하겠다고 정책이 바뀌면서 현재까지 이어지고 있답니다.

독도 인근 해상을 지키는 해양경찰의 경비함

독도는 대한민국 정부에 의해 1982년에 천연기념물 제336호로 지정되었고, 1999년에는 더 확장된 의미로 천연기념물 제336호 '독도 천연보호 구역'으로 변경되었어요. 즉 독도 섬 전체가 천연기념물이 된 거죠. 이 조치 이후로 독도에 시설물을 설치하거나 출입을 할 때에는 '문화재청'의 허가를 받아야 해요.

일반 관광객의 경우에는 허가를 받는 불편함을 덜어 주기 위해 2005년부터는 동도 선착장 및 제한된 구역에 한해서만 간단히 신고만 하고 방문을 할 수 있으니 여러분도 기회가 되면 꼭 독도를 한번 방문해서 벅찬 감동을 한번 느껴 보세요.

또한 일반 방문객들에게 독도에 대한 주인의식을 고취시키기 위해

2010년 10월부터는 울릉군청 독도관리소에서 독도에 입도하는 방문객들을 대상으로 독도명예주민증도 발급해 주고 있어요. 독도 탐방 후 60일 이내에 신청하면 등기우편으로 받아 볼 수 있으니 방문 후 꼭 실천해 독도 명예 주민이 되어 보세요.

독도로 가기 위해서는 울릉도를 먼저 거쳐야 해요. 육지에서 울릉도 도동항까지 뱃길로 약 3시간이 걸리고요. 동해안의 여러 항구도시, 강릉, 동해, 후포, 포항 등에서도 출발할 수 있어요. 울릉도에서 독도까지는 약 87.4km로 쾌속선을 타면 약 1시간 30분이 소요되고, 일반 여객선을 타면 2시간 10분 정도 걸려요.

독도 사랑 실천

독도 사랑을 실천하기 위해서는 먼저 독도에 대해 잘 알아야 해요. 독도를 지킬 수 있는 활동으로는 학교 내에서 독도동아리를 만들어 독도 활동을 할 수 있으며, 독도 경비대 아저씨들께 위문편지를 쓰는 일부터 실천할 수 있지요. 사이버 외교관이 되어 활동하는 것도 좋은 방법이 되겠네요.
● 사이버 외교관 반크 http://prkorea.com
● 독도 입도 안내 홈페이지: http://intodokdo.go.kr

1900년 10월 25일 독도주권 선포!

　　1900년 10월 25일 고종 황제가 칙령 41호를 통해 독도 관할을 선포했다는 사실은 1905년 일본의 독도 시마네 현 편입 주장을 무력화시키는 아주 중요한 국제법 상의 자료에요. 이 문서는 두 가지 의미가 있어요. 한 가지는 신라시대부터 독도가 우리 땅이었음을 명시해서 서기 512년부터 1900년까지 한국이 독도를 소유해 왔다는 역사적 사실을 고시했다는 점이고, 두 번째는 무주지 선점론보다 5년 빨리 선포되어 일본이 주장하는 근거를 무력화시킨 점이에요.

勅令第四十一號 칙령 제41호

鬱陵島를鬱島로改稱하고島監을郡守로改正한件
울릉도를 울도로 개칭하고 도감을 군수로 개정한 건

第一條 鬱陵島를鬱島라改稱하야江原道에附屬하고島監을郡守로改正하야官制中에編入하고郡等은伍等으로할事
제1조 울릉도를 울도라 개칭하여, 강원도에 부속하고 도감을 군수로 개정하여 관제중에 편입하고 군등은 5등으로 할 일

第二條 郡廳位寘는台霞洞으로定하고區域은鬱陵全島와竹島石島를管轄할事
제2조 군청위치는 대하동으로 정하고 구역은 울릉전도와 죽도, 석도를 관할할 일

第三條 開國伍百四年八月十六日官報中官廳事項欄內鬱陵島以下十九字를删去하고開國伍百伍年　勅令第三十六號第伍條江原道

二十六郡의六字는七字로改正하고安峽郡下에鬱島郡三字를添入할事

제3조 개국 504년 8월 16일자 관보중 관청사무란내 울릉도 이하 19자를 지우고, 개국 505년 칙령 제306호 제5조 강원도 26군의 6자는 7자로 개정하고, 안협군 밑에 울도군 3자를 첨입할 일

第四條 經費는 伍等郡으로 磨鍊하되 現今間인즉吏額이 未備하고 庶事 草創하기로 該島收稅中으로 姑先磨鍊할事

제4조 경비는 5등군으로 마련하되 현재 이액이 미비하고 서사초창하므로 이 섬의 세수에서 먼저 마련할 일

第伍條 未盡한諸條는 本島開拓을 隨하야 次第磨鍊할事

제5조 미진한 제 조항은 이 섬을 개척하면서 차제에 마련할 일

附則 부칙

第六條 本令은 頒布日로부터 施行할事

제6조 본령은 반포일로부터 시행할 일

光武四年十月二十伍日

광무4년 10월 25일

御押(어압) 御璽(어새) 奉(봉) 勅

議政府議政臨時署理贊政內部大臣 李乾夏

칙의정부의정 임시서리 찬정 내부대신 이건하

1900년에 울릉도와 독도가 대한제국의 영토라는 사실을 국내외에 선언한 대한제국 칙령 제41호 원본.

외국 친구가 "왜 독도가 한국 땅이야?"라고 물으면 어떻게 대답할까요?

한국이 1910년부터 1945년까지 일본의 식민지였던 거 알고 있지?

일본은 이때뿐 아니라 이 시기를 전후해서 한국을 자기 땅으로 만들려는 욕심이 있었어. 태평양 전쟁을 일으키고 나서 패한 후에 일본은 전쟁에서 승리한 승전국들과 조약을 맺었어. 그게 바로 1951년에 체결한 샌프란시스코 조약이야. 이 조약에서 일본은 식민지로 만들었던 땅을 모두 포기한다고 약속했지. 문제는 한국의 영토를 모두 포기한다는 조항의 해석을 두고 일본이 억지 주장을 하고 있다는 점이야. 조약문에 대한민국 본토와 제주도, 거문도, 울릉도를 포함한 섬들과 한국에 대한 권리, 권원, 청구권을 포기한다고 되어 있는 부분에 "독도"가 포함되지 않았으니, 독도는 일본 것이라고 억지를 부리고 있는거야.

1905년 일본은 독도가 임자 없는 땅이라서 자기들 영토로 편입시킨다고 지방정부의 신문에 일본어로 실어 알렸고 절차를 밟아 무인도를 자기 나라 땅으로 삼은 거라고 우기고 있지.

그러나, 1900년에 한국의 마지막 왕이 이미 독도를 명시해서 한국 땅이라고 선언을 했어. 더군다나 천 년 이상 한국 땅이었고 역사적 사실임을 알렸지.

일본은 지방 정부 신문에 고시했던 1905년 그때에 항의하지 않았으니 일본 땅이라고 하는 거야. 그 당시에 한국은 1904년 러일전쟁 중에 '한일 의정서'라는 조약을 맺어서 이미 군사권을 빼앗겼고, 같은 해 7월 '제 1차 한일 협약'과 1905년 '을사늑약'(제 2차 한일 협약)으로 외교권과 재정권을 빼앗긴 상태라, 이미 식민화 과정 중이었기 때문에 어떤 일도 할 수 없었어. 심지어 1895년 일본의 야쿠자를 가장한 일본인들이 궁전에 난입해서 한국의 마지막 왕비를 잔인하게 살해했는데도, 범인을 잡아 처벌하지 못할 정도로 무력했거든. 1904년 2월 미국 외교부 기록에도 한국은 이미 군사적으로 점령당했고, 그해 8월에 독자적으로 외교를 수행할 능력을 잃었다고 되어 있어.

식민화 과정은 하루 아침에 조약 하나를 맺으면서 진행되는 게 아니야. 그 이전에 10여 년에 걸쳐서 주권을 빼앗기는 과정이 있었어. 독도는 그 과정 중에 일본에게 빼앗긴 거니까 분명히 한국에 반환해야 하는 땅이고, 일본이 다시는 자기 땅이라고 주장하면 안 되는 엄연한 우리 땅인 거야.

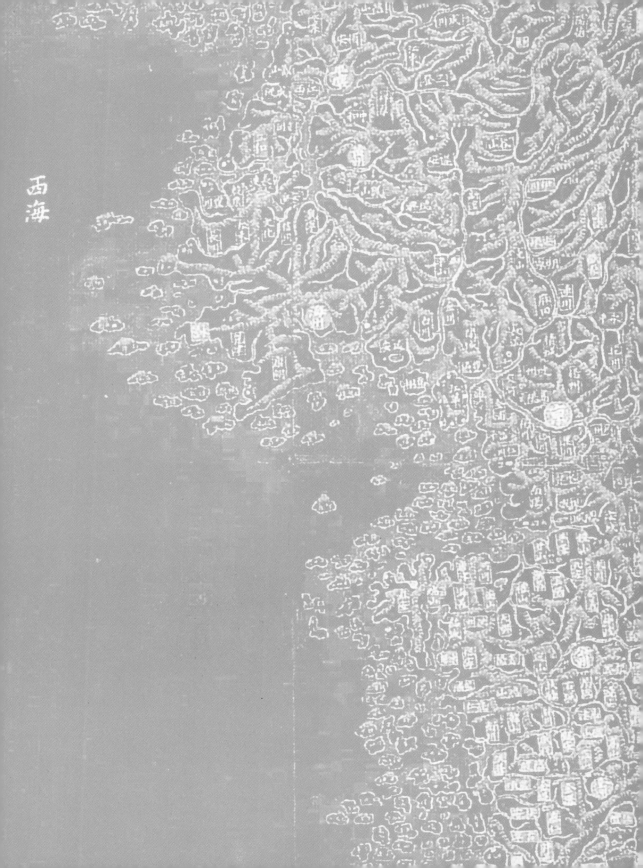

西海

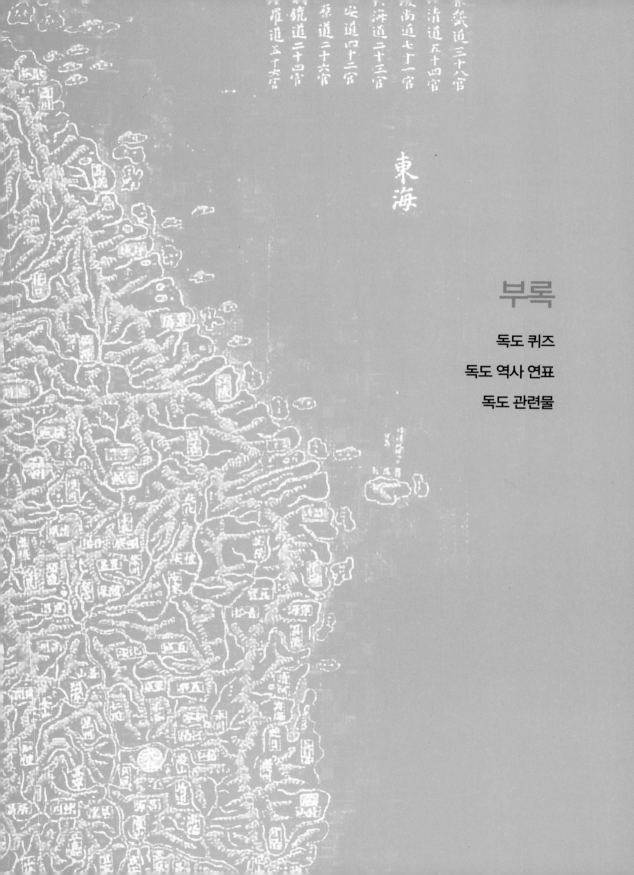

부록

1. 아래 지도에서 울릉도와 독도에 동그라미를 치세요.

2. 다음 중 독도를 가리키는 다른 이름들에 동그라미를 치세요.

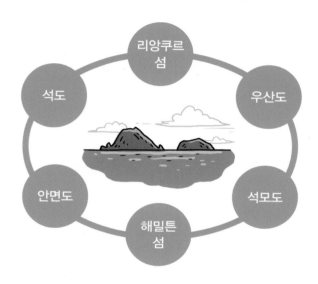

3. 대한민국 행정체계 속의 독도입니다. 빈 칸에 알맞은 행정구역 이름을 쓰세요.

대한민국 → _____ → 울릉군 → 독도리

4. 다음 중 독도에 대한 설명으로 옳지 않은 것은? (　　　)

① 세 개의 섬으로 구성되어 있어 삼봉도라 불린다.

② 한때 강치라 불리던 바다사자 비슷한 동물이 서식했었다.

③ 대한민국이 실효적 지배를 하고 있다.

④ 일본이 1905년에 기만적으로 시마네 현으로 편입시키고 자기 땅이라고
　　주장하고 있다.

5. 다음 역사적 인물과 그 행적을 줄로 그어 연결 하세요.

안용복 •

최종덕 •

이사부 •

홍순칠 •

이규원 •

1 울릉도와 독도를 함께 정벌해서 신라 영토로 만듦.

2 울릉도 검찰사로서 울릉도를 조사하고 이에 대한 보고서를 올림.

3 조선시대 일본으로 건너가 항의하고 독도가 조선 땅이라는 문서를 받아옴.

4 독도에 최초로 거주하며 독도를 지킴.

5 독도의용수비대를 조직하여 독도를 지킴.

6. 아래 빈 칸 둘을 같은 단어로 채우세요.

국가 영토는 세 가지 영역으로 나뉜다. 땅인 영토, 하늘인 영공, 그리고 바다인 _____. 이 중 독도 문제는 바로 이 _____인 영토의 문제이다.

7. 다음 그림을 보고 바르게 짝지은 것은 무엇인가요?

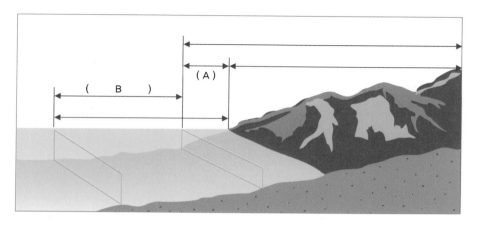

① A영토 200해리, B 영해 12해리

② A영토 12해리, B 배타적 경제수역 200해리

③ A영해 12해리, B 배타적 경제수역 200해리

④ A 배타적 경제수역 12해리, B 영해 200해리

8. 다음은 세 개의 섬을 크기 순으로 나열한 것입니다. 생성 순서대로 이 섬 들을 나열하면 어떻게 되는지 빈 칸을 채워 주세요.

크기 순서

생성된 순서

9. 아래 사진은 일본이 독도를 무단으로 자국 영토로 편입시켰음을 인지하고 중앙 정부에 알린 보고서입니다. 대한제국 시절 울릉 군수였던 이 사람의 이름은 무엇인가요? (   )

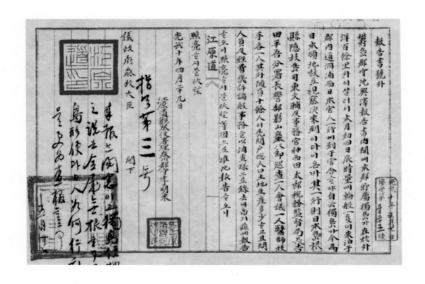

10. 다음 사건을 일어난 순서대로 번호를 쓰세요. (   )

1	2	3
평화선 선언	일본의 독도 시마네현 편입	샌프란시스코 조약

11. 독도의 해저 자원으로 일명 '불타는 가스'라 불리며, 이후 석유를 대체할 에너지원으로 사용할 수 있는 이것은 무엇인가요?

12. 사진을 보고 답하세요. 일본이 1988년에 막대한 자금을 투입해서 암초에 방파제를 쌓고 특수철 구조물과 콘크리트를 쏟아부어 만든 인공섬의 이름은 무엇인가요? (   )

13. 다음 중 현재 독도에 있는 시설이 아닌 것은? (   )

① 동도 선착장

② 등대

③ 독도종합해양과학기지

④ 온실가스 원격관측장비

14. 고종 황제가 칙령 41호를 통해 독도 관할을 선포했다. 독도 주권을 선포한 날은 언제인가요?

_____

15. 우리가 독도를 지키고 사랑할 수 있는 방법에 대해 이야기 나눠 보세요.

OX 퀴즈 | 맞으면 O에 V표, 틀리면 X에 V표를 하세요.

1단계

	문제	O	X
1	독도는 일본 땅이다.		
2	독도에는 등대가 있다.		
3	독도 입도는 허가제이며 허가 받은 소수의 사람만 들어갈 수 있다.		
4	현재 독도는 해병대가 지키고 있다.		
5	독도에는 먹을 물이 나오는 곳이 없다.		
6	독도의 물속 해산 포함한 높이는 한라산보다 높다.		
7	현재 독도에는 진돗개가 있다.		
8	독도에는 우체통이 있다.		
9	독도에서 울릉도가 보인다.		
10	독도를 신라로 편입한 이는 신라의 이사부 장군이다.		

2단계

	문제	O	X
1	이사부 장군의 성은 이 씨이고 이름은 사부이다.		
2	독도는 화산섬이기 때문에 식물이 자랄 수 없다.		
3	조선시대에 울릉도와 독도를 포기했기 때문에 주인이 없는 섬이 되었다.		

4	1693년과 1696년 일본에 건너가 독도가 조선 영토임을 확인받고 돌아온 사람은 홍순칠 장군이다.		
5	독도라는 이름은 신라시대부터 쓰였다.		
6	독도에는 많은 괭이 갈매기들이 살고 있고, 이 새들은 독도에서만 찾아볼 수 있다.		
7	독도 근방 해저에는 메탄하이드레이트라는 엄청난 지하자원이 매장되어 있다.		
8	샌프란시스코 조약에는 독도가 한국의 영토가 아닌 것으로 명시되어 있다.		
9	일본이 독도를 국제사법재판소에 제소하고자 하는 이유는, 독도가 일본 땅임을 자신하기 때문이다.		
10	10월 25일은 독도 주권의 날이다.		

1

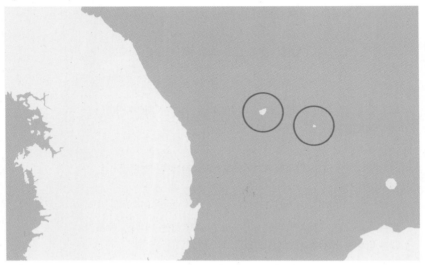

2 리앙쿠르 섬, 우산도, 석도(리앙쿠르 섬: 1849년 동해를 지나가던 리앙쿠르라는 프랑스 선박이 독도를 발견하고 배의 이름을 따서 생김. / 우산도: 〈세종실록지리지〉에 우산도라는 이름이언급. 512년경부터 쓰이기 시작해서 1904년까지도 계속 쓰임. / 석도: 독도의 여러 가지 이름 중 아주 잠시 동안 쓰였던 독도의 이름 중 하나임.) **3** 경상북도(독도의 행정구역이 예전에는 강원도였으나 지금은 경상북도임.) **4** 1번(두 개의 섬 동도와 서도로 구성되어 있다.) **5** 안용복 ❸ / 최종덕 ❹ / 이사부 ❶ / 이규원 ❷ / 홍순칠 ❺ **6** 영해 **7** 3번 **8** 독도 (460만년전) 〉 울릉도(250만년전) 〉 제주도 (120만년전) **9** 심흥택 **10** ❷-❸-❶ **11** 메탄하이드레이트 **12** 오키노도리시마 **13** 3번(아직 설치되지 않았음.) **14** 1900년 10월 25일 **15** 예를들어 학교 내에서 독도동아리를 만들어 독도 활동을 할 수 있으며, 독도 경비대 아저씨들께 위문편지를 쓰는 일, 사이버 외교관이 되어 활동하는 것 등.

OX퀴즈 정답 및 해설

● **1단계**

1 X(한국 땅에 더 가깝다. 가장 가까운 일본 땅은 오키 섬이나, 이 역시 울릉도와의 거리보다 한참 멀다.) **2** O(1954년 설치한 등대가 있다.) **3** X(독도 입도는 2005년부터 신고제로 바뀌었고, 여행사를 통해 손쉽게 신고할 수 있다.) **4** X(경북 경찰청 소속 경찰과 의무경찰들이 지키고 있다.) **5** X(하루 200명 정도 마실 수 있는 물이 물골에서 나온다.) **6** O(독도 해산의 높이는 총 2.268미터로 한라산보다 높다.) **7** X(삽살개가 있다.) **8** O(2015년에 새 40240으로 우편번호가 부여되었고 동도에 우체통이 있다.) **9** O(울릉도에서 독도가 맨눈으로 보이므로 독도에서도 울릉도가 맨눈으로 보인다.) **10** O(신라 지증왕 시절에 울릉도와 독도를 함께 신라로 편입했다.)

● **2단계**

1 X(이사부 장군의 성은 김 씨이고 신라 내물왕 4대 손이다.) **2** X(독도에는 섬기린초와 땅채송화 등 약 49종의 식물과 나무가 자라고 있다.) **3** X(조선 초, 1430년부터 약 300여년간 해금정책을 실시했다. 이것은 바다를 건너는 것을 금하는 정책으로 백성들이 세금을 피해 섬으로 달아나는 것과 섬지역에 들끓던 일본 해적으로부터 백성들을 보호하는 것이 목적이었다. 섬에 가는 것을 금한 것도 그 섬이 조선의 영토라 가능한 일이다.) **4** X(안용복이다. 홍순칠은 독도의용수비대를 이끈 대장이다.) **5** X(독도라는 이름은 공식적으로는 1906년부터 썼다. 그 이전에는 우산도, 삼봉도, 가지도 및 석도 등의 이름으로 불렸다.) **6** X(괭이 갈매기는 동북아 지역에서 두루두루 찾아볼 수 있는 조류이다.) **7** O(아직 발굴 기술이 없어서 채굴하지는 못하지만 상당량이 매장되어 있다.) **8** X(샌프란시스코 조약에는 일본이 제주도, 거문도, 울릉도의 섬들과 한국에 권리, 권원을 포기한다고 되어 있다. 독도는 울릉도의 부속섬으로 울릉도와 함께 포기 된 것이다.) **9** X(일본이 독도를 국제사법재판소에 제소하려는 이유는 그게 일본에 유리하기 때문이다. 영토분쟁으로 독도 문제를 세계에 인식시키려는 데 성공할 수 있고, 또 국제사법재판소의 재판관들이 일본에 유리한 인사들로 영향력을 구사할 수 있기 때문이다. 한국은 독도가 당연히 한국 땅이기 때문에 영토문제로 독도문제를 만들 이유가 없다.) **10** O(고통황제가 1900년 10월25일에 대한칙령을 통해 독도가 대한제국의 영토임을 선포했다.)

한눈에 볼 수 있는 독도의 역사

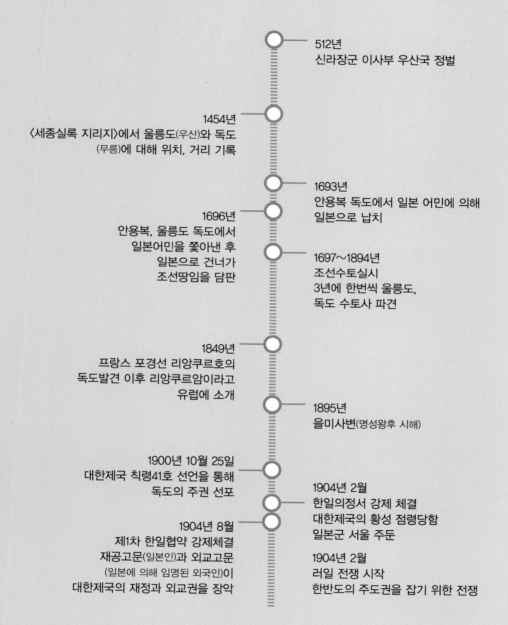

512년
신라장군 이사부 우산국 정벌

1454년
〈세종실록 지리지〉에서 울릉도(우산)와 독도 (무릉)에 대해 위치, 거리 기록

1693년
안용복 독도에서 일본 어민에 의해 일본으로 납치

1696년
안용복, 울릉도 독도에서 일본어민을 쫓아낸 후 일본으로 건너가 조선땅임을 담판

1697~1894년
조선수토실시 3년에 한번씩 울릉도, 독도 수토사 파견

1849년
프랑스 포경선 리앙쿠르호의 독도발견 이후 리앙쿠르암이라고 유럽에 소개

1895년
을미사변(명성왕후 시해)

1900년 10월 25일
대한제국 칙령41호 선언을 통해 독도의 주권 선포

1904년 2월
한일의정서 강제 체결 대한제국의 황성 점령당함 일본군 서울 주둔

1904년 8월
제1차 한일협약 강제체결 재공고문(일본인)과 외교고문 (일본에 의해 임명된 외국인)이 대한제국의 재정과 외교권을 장악

1904년 2월
러일 전쟁 시작 한반도의 주도권을 잡기 위한 전쟁

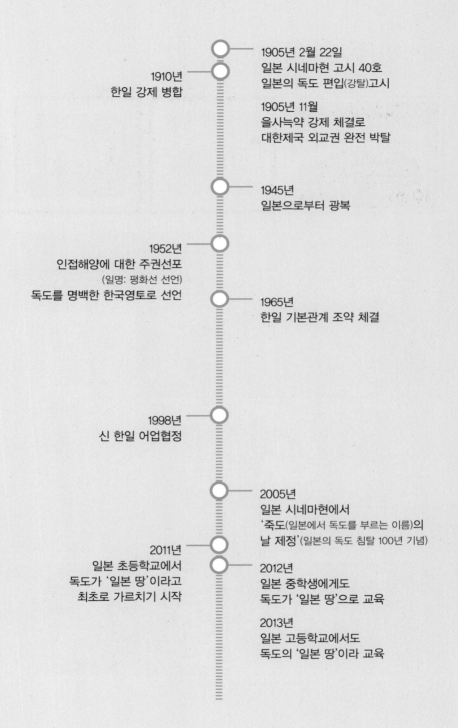

1905년 2월 22일
일본 시네마현 고시 40호
일본의 독도 편입(강탈)고시

1910년
한일 강제 병합

1905년 11월
을사늑약 강제 체결로
대한제국 외교권 완전 박탈

1945년
일본으로부터 광복

1952년
인접해양에 대한 주권선포
(일명: 평화선 선언)
독도를 명백한 한국영토로 선언

1965년
한일 기본관계 조약 체결

1998년
신 한일 어업협정

2005년
일본 시네마현에서
'죽도(일본에서 독도를 부르는 이름)의
날 제정'(일본의 독도 침탈 100년 기념)

2011년
일본 초등학교에서
독도가 '일본 땅'이라고
최초로 가르치기 시작

2012년
일본 중학생에게도
독도가 '일본 땅'으로 교육

2013년
일본 고등학교에서도
독도의 '일본 땅'이라 교육

대한민국 정부 독도우표 발행

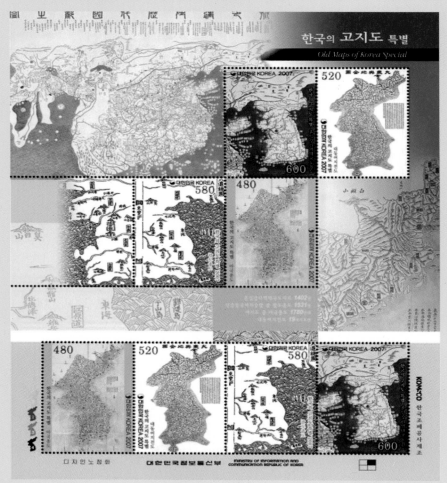

광복 70주년 기념 독도 주화

북한의 독도우표

북한의 독도 기념 주화

분쟁의 섬이 아닌 평화의 섬으로

『청소년을 위한 독도야 말해줘!』는 독도에 대해 알 만큼 안다고 자부하는 내게도 신선함과 흥미로움으로 다가왔고, 단숨에 읽히는 책이었다. 이 책을 읽으면서 지은이가 왜 그토록 독도에 깊은 관심과 애정을 갖게 되었는가를 알게 되었다.

1987년, '독도탐사대'라는 대학 동아리를 통해 독도와 인연을 맺은 지은이는 거의 30년간 독도를 직접 찾아가고 자료를 모으며 연구해왔다. 또한 그동안 수집한 자료를 필요한 사람들과 나누고, 자라나는 청소년들이 독도를 사랑하는 마음을 가질 수 있도록 하기 위해 끊임없이 노력하였다. 그 일환으로 강연과 글을 통해 독도를 알리는 한편, 파주의 헤이리 예술마을에 '영토문화관 독도'의 문을 열었다.

이 책은 독도가 얼마나 소중한 섬인지에 대해 이야기한다. 독도라는 이름의 유래와 지리적 위치, 아름다운 자연 경관과 시설 등을 소개하고 지질학 및 자연생태자원과 해저자원, 해양생물자원 등 여러 측면에서 독도의 중요성을 설명한다. 이런 설명을 통해 우리는 황금어장인 독도에 770여 종의 동식물이 서식하고 있으며, 6억 톤의 메탄 하이드레이트가 매장되어 있다는 사실을 알 수 있다.

지은이는 우리 영토인 독도를 자기네 땅이라고 우기며 끊임없이 욕심내는 일본의 주장이 틀렸음을 지적하는 일도 잊지 않는다. 그는 우리나라와 일본에서 발견된 고지도와 여러 역사적 자료들을 근거로, 2011년 이후 초·중·고등학교 교과서를 통해 독도에 대한 영유권을 주장해 온 일본이 잘못되었음을 지적한다. 지은이가 이처럼 중대한 사실을 누구나 알아들을 수 있도록 쉽게 설명하면서, 독도가 분쟁의 섬이 아닌 평화의 섬이 되도록 해야 한다고 강조하는 대목에서 이 책의 궁극적인 목적이 바로 '평화'라는 것을 확인할 수 있다.

이 책은 독도에 관한 분야별 전문성을 띤 책은 아니지만, 독도를 통합적으로 이해하는 데는 매우 유용하다. 지은이는 독도 사랑에 어울리게 독도를 자주 탐방하고 수집한 자료를 이 책에 많이 소개했는데, 그런 과정에서 독자들이 싫증을 느끼지 않도록 시각적인 효과도 배려한 점이 눈에 띈다. 독도에 관심을 갖고 있거나, 친지나 자녀들에게 평화의 섬 독도를 소개하고자 할 때 이 책은 많은 도움이 될 것이다.

숙명여자대학교 명예교수 이만열

독도 사랑의 대중화·생활화를 꿈꾸며

　독도는 우리 민족의 에너지를 하나로 집결시키는 절대적인 힘을 갖는다. 그 이유는 무엇일까? 그것은 바로 독도에 대한 우리 민족의 사랑과 열정에는 보수와 진보, 남과 북, 국내와 국외를 초월한, '우리 땅'이라는 뜨거운 공감대가 있기 때문이다.

　특히 독도는 지리적·역사적·국제법적으로 명백하게 우리의 영토라는 것이 입증되어 있다. 그래서 일본 정치가의 망언이나, 일본인들의 학술적 훼손 양태를 우리는 결코 용납할 수 없는 것이다.

　독도 영유권 문제를 국제사법재판소(ICJ)에서 해결하자는 일본의 그릇된 주장에 대한 우리나라의 입장은, 1952년 이승만 대통령의 '평화선의 선포'에 반발하여 1954년 변영태 외교부 장관이 발표한 반박 성명서를 통해 잘 드러났다. 독도에 대한 어떠한 일본의 훼손 언동도 한국의 독립과 주권을 부인하는 재침략으로, 용납할 수 없다고 언명한 것이다.

　대학생 시절부터 독도를 온몸으로 사랑해 온 파주 헤이리 영토문화관 독도 안재영 관장이 펴낸『청소년을 위한 독도야 말해줘!』에는 일본에 대한 입장뿐만 아니라 독도에 대한 전반적인 내용이 알기 쉽고 유익하게 담겨 있다. 한국외국어대학교 영어과 출신인 안재영 관장은 재학 당시 '독도연구회' 동아리 활동을 하였으며, 12일간의 울릉도 탐사 후 울릉도-독도 구간을 직접 뗏목을 이용해 탐사하였는데, 이 책에 저자의 체험이 고스란히 녹아들어 있다.

　한민족의 피가 흐르는 사람이라면 누구나 이 책의 일독을 권한다. 독도 사랑을 몇몇 독도 전문가뿐만 아니라 온 국민이 함께 관심을 가지고 실천할 수 있도록 "독도 사랑의 대중화와 생활화"에 이 책이 크게 기여하리라고 믿는다. 특히 독도를 처음 접하거나 처음 찾는 사람을 위한 유익한 길라잡이가 되어 줄 것이다.

　거듭『청소년을 위한 독도야 말해줘!』의 출간을 축하드리며, 안재영 관장의 독도 사랑 운동에 독자들의 큰 관심과 동참을 기대한다.

(사)아시아사회과학연구원장 / 한국외대 법학전문대학원 명예교수 이장희

독도 관련 추천사이트

사이버 독도 | http://www.dokdo.go.kr/pages/main
독도의 진실 | http://www.truthofdokdo.com
독도 연구소 | http://www.dokdohistory.com/kr
독도 연구센터 | http://www.ilovedokdo.re.kr/kmi/dokdo
사이버 독도 닷컴 | http://www.cybertokdo.com
독도바다 지킴이 | http://www.mpss.go.kr/law/dokdo_info.html
독도 박물관 | http://www.dokdomuseum.go.kr
독도 녹색 운동 연합 | http://www.koreadokdo.kr
독도 정보 종합 시스템 | http://www.dokdo.re.kr
사이버 외교 사절단 반크 | http://www.liancourtrocks.net
독도 관리 사무소 | http://www.intodokdo.go.kr/member
영토문화관 독도 | http://www.gallerydokdo.com
울릉군청 | http://www.ulleung.go.kr/Wooreumoe/main.htm

사진 출처

초판 1쇄 발행 2015년 10월 25일
초판 2쇄 발행 2016년 2월 25일

지은이   안재영
펴낸이   양옥매
총괄기획   조인숙
디자인   VORA design 이지윤 / 캐릭터 정순정
교정   조준경

펴낸곳   도서출판 책과나무
출판등록   제2012-000376
주소   서울특별시 마포구 월드컵북로 44길 37 천지빌딩 3층
대표전화   02.372.1537   팩스 02.372.1538
이메일   booknamu2007@naver.com
홈페이지   www.booknamu.com

ISBN 979-11-5776-104-3(03900)

이 도서의 국립중앙도서관 출판시도서목록(CIP)은 서지정보유통지원 시스템
홈페이지(http://seoji.nl.go.kr)와 국가자료공동목록시스템
(http://www.nl.go.kr/kolisnet)에서 이용하실 수 있습니다.
(CIP제어번호 : CIP2015027934)